APRENDER INGLÉS PARA CONSEGUIR TRABAJO

GUÍA PRÁCTICA PARA HISPANOHABLANTES: HABLA INGLÉS EN ENTREVISTAS, ENTIENDE A TU JEFE Y CONSIGUE MEJOR EMPLEO EN EE.UU

SPEAK FLUENTI

ÍNDICE

Disclaimer

The content in this book is provided for educational and informational purposes only. While every effort has been made to ensure accuracy, the publisher and author make no guarantees regarding the completeness or reliability of the information presented.

This book is designed to help readers improve their English communication skills specifically for job interviews and professional situations. However, it does not guarantee employment, interview success, or career outcomes.

The publisher and author disclaim any liability for decisions made or actions taken based on the information contained in this book.

About the Author

SpeakFluenti is an educational brand focused on helping Spanish-speaking learners master English through practical, structured, and real-world learning methods. SpeakFluenti collaborates with language professionals and educators to create accessible learning resources designed to help students speak English with confidence.

For more learning resources and materials, visit:

www.speakfluenti.com

IMPORTANTE: CÓMO UTILIZAR ESTE LIBRO EN FORMATO EBOOK

SOLO PARA LA VERSION EBOOK:

IMPORTANT‼ Si estás usando un lector electrónico o una tablet, no te preocupes: **¡igual puedes escribir notas y subrayar texto como lo harías en un cuaderno impreso!**

A lo largo del libro, encontrarás preguntas o espacios para que escribas tus respuestas o ideas. Para hacerlo directamente en tu lector electrónico, solo mantén presionada con el dedo durante uno o dos segundos sobre la línea en blanco. Aparecerá un pequeño menú o un ícono (normalmente una lupa o menú desplegable). Selecciona la opción "Nota" o "Notes", escribe tu respuesta y automáticamente quedará guardada.

Cuando quieras volver a revisar, editar o agregar más detalles, solo tienes que tocar nuevamente sobre el texto resaltado o el ícono, ¡y ahí estará tu nota!

También puedes usar este mismo método para resaltar texto o marcar con colores las partes que te parezcan importantes. Anímate a experimentar y hacer que este cuaderno sea completamente tuyo. ¡Disfrútalo!

TU PASAPORTE AL ÉXITO PROFESIONAL GLOBAL

¡FELICIDADES!

Si tienes este libro en tus manos, es porque ya has dado el paso más importante: has decidido que el idioma no será una barrera para tu crecimiento profesional. Has decidido que tus habilidades, tu experiencia y tu talento merecen ser reconocidos en cualquier lugar del mundo, sin importar el idioma en el que se realice la entrevista.

Seguramente conoces esa sensación. Recibes un correo electrónico o un mensaje por LinkedIn. Es esa empresa con la que siempre has soñado, o quizás es una oportunidad para un puesto remoto que paga en dólares o euros, permitiéndote la libertad que siempre has querido. Tu corazón se acelera, sientes una mezcla de emoción y orgullo... hasta que llegas al final del mensaje y lees las palabras que te congelan: "The interview will be conducted in English".

En ese instante, la emoción se convierte en un nudo en el estómago. De repente, empiezas a dudar de todo lo que sabes. Te preguntas: ¿Seré capaz de darme a entender? ¿Y si no entiendo lo que me preguntan? ¿Y si me quedo en blanco? ¿Pensarán que no soy un buen profesional porque mi inglés no es perfecto?

Si te has sentido así, quiero que respires hondo y te relajes. Estás en el lugar correcto. En SpeakFluenti, hemos ayudado a miles de profesionales como tú a cruzar ese puente. Y lo primero que debes saber es esto: No necesitas un inglés perfecto para conseguir el trabajo de tus sueños. Lo que necesitas es preparación estratégica y confianza.

Este libro no es un manual de gramática aburrido ni un diccionario de términos técnicos. Este es tu manual de entrenamiento. Es la guía práctica que te llevará de la mano para que, cuando llegue el momento de la entrevista, no solo hables inglés, sino que proyectes la seguridad del profesional experto que ya eres.

Por qué el inglés es tu mejor inversión hoy

Vivimos en un mundo que ha cambiado radicalmente en los últimos años. Hace una década, trabajar para una empresa en Londres, Nueva York o Berlín mientras vivías en Madrid, Ciudad de México o Buenos Aires parecía un sueño lejano. Hoy, es la realidad de millones de personas.

El auge del trabajo remoto y la globalización de las empresas han derribado las fronteras físicas. Las mejores oportunidades ya no están solo a la vuelta de tu esquina; están en la nube, en equipos multiculturales y en empresas que valoran tu talento por encima de tu ubicación geográfica. Sin embargo, hay un denominador común en todas estas oportunidades: el inglés es el lenguaje de los negocios.

Aprender a manejar una entrevista de trabajo en inglés no es solo "aprender un idioma". Es adquirir una llave maestra. Es la diferencia entre quedarte estancado en un mercado local limitado o acceder a un mercado global lleno de posibilidades. Una entrevista exitosa en inglés puede duplicar, o incluso triplicar, tus ingresos actuales. Puede darte acceso a beneficios que nunca imaginaste y permitirte trabajar con las mentes más brillantes de tu sector.

En SpeakFluenti, entendemos que para ti el inglés no es un pasatiempo; es una herramienta de progreso. Por eso, este libro se enfoca en lo que realmente importa: resultados.

El miedo: Tu mayor obstáculo (y cómo vencerlo)

Antes de entrar en las técnicas y el vocabulario, hablemos de lo que realmente te detiene. No es tu falta de vocabulario, ni tu acento. Es el miedo.

El miedo a las entrevistas es universal. Incluso en nuestro idioma nativo, sentarse frente a un reclutador puede ser estresante. Queremos causar una buena impresión, queremos decir lo correcto y tenemos miedo al rechazo. Cuando le sumas el factor del inglés, ese estrés se multiplica.

Muchos de nuestros estudiantes en SpeakFluenti nos dicen lo mismo:

"Siento que mi personalidad desaparece cuando hablo inglés. Sueno como un niño o alguien menos inteligente de lo que soy".

"Me da pánico que me hagan una pregunta y tenga que pedir que la repitan tres veces".

"Me bloqueo. Sé la respuesta en mi cabeza, pero las palabras no salen de mi boca".

Si te identificas con esto, quiero que sepas algo importante: Sentir miedo es normal, pero dejar que el miedo te detenga es opcional.

El entrevistador no está buscando un profesor de literatura inglesa. Está buscando a alguien que pueda resolver problemas, que sepa trabajar en equipo y que tenga las habilidades técnicas para el puesto. En la mayoría de las empresas internacionales, lo que se valora es la capacidad de comunicación, no la perfección gramatical.

A lo largo de estas páginas, te enseñaremos cómo transformar ese nerviosismo en una energía enfocada. Te daremos las herramientas para que, incluso si cometes un pequeño error gramatical, sepas cómo seguir adelante con elegancia y profesionalismo.

El Método SpeakFluenti: Práctico, Real y Directo

En la academia SpeakFluenti, tenemos una filosofía clara: El inglés se aprende para ser usado.

Estamos cansados de los métodos tradicionales que te hacen memorizar listas de verbos irregulares que nunca usarás en una oficina. Nuestra metodología se basa en situaciones de la vida real. Hemos analizado cientos de entrevistas en empresas líderes para identificar qué es lo que realmente preguntan los reclutadores y qué respuestas son las que realmente consiguen el puesto.

Este libro es la esencia de nuestro método. No te vamos a pedir que estudies tres horas al día. Te vamos a pedir que te prepares de forma inteligente. Nuestro enfoque se divide en tres pilares fundamentales:

Estrategia de Comunicación: Aprenderás a estructurar tus respuestas para que sean claras, concisas y persuasivas. Usaremos técnicas como el método STAR para que tus experiencias pasadas brillen.

Vocabulario Profesional de Impacto: No necesitas saber 10,000 palabras. Necesitas saber las 500 palabras y frases adecuadas que te harán sonar como un experto en tu área.

Mentalidad y Confianza: Trabajaremos en tu seguridad personal para que proyectes autoridad, incluso si sientes que tu nivel de inglés es "intermedio".

Este libro ha sido diseñado para ser tu compañero de viaje. No es para leerlo una vez y guardarlo en la estantería. Es para rayarlo, para practicar frente al espejo, para escuchar los audios y para volver a él cada vez que tengas un proceso de selección abierto.

¿Qué vas a encontrar en este libro?
    Para que tu preparación sea integral, hemos organizado este libro de manera que vayas ganando confianza paso a paso. No te lanzaremos al agua sin salvavidas.

Esto es lo que aprenderás:

La Anatomía de la Entrevista: Entenderás qué busca realmente un reclutador internacional y por qué te hacen ciertas preguntas que parecen "truco".

Las "Top 10" Preguntas y Respuestas: Analizaremos las preguntas más comunes, desde el clásico "Tell me about yourself" hasta las difíciles preguntas sobre tus debilidades o tus expectativas salariales. Te daremos plantillas de respuestas que podrás adaptar a tu perfil.

Vocabulario por Sectores: Ya sea que trabajes en tecnología, marketing, ventas, finanzas o gestión de proyectos, incluiremos términos clave para que hables el idioma de tu industria.

Cómo Manejar el "Bloqueo": Te daremos frases de rescate para esos momentos en los que olvidas una palabra o no entiendes una pregunta, permitiéndote ganar tiempo sin perder la compostura.

Preparación para Entrevistas Remotas: Hoy en día, la mayoría de las primeras entrevistas son por videollamada. Te enseñaremos los aspectos técnicos y de lenguaje corporal que debes cuidar en el mundo virtual.

El Arte del Follow-up: Aprenderás cómo escribir esos correos de agradecimiento después de la entrevista que te harán destacar sobre los demás candidatos.

Además, como creemos firmemente que la práctica hace al maestro, el libro está lleno de ejercicios prácticos y acceso a recursos de audio. Escuchar a hablantes nativos y profesionales fluidos es vital para que tu oído se acostumbre a los diferentes acentos que podrías encontrar en una empresa global.

Rompiendo mitos: Lo que NO necesitas

Antes de empezar, quiero quitarte un peso de encima. Para tener éxito con este libro y en tus próximas entrevistas, NO necesitas:

Tener un acento nativo: Tu acento es parte de tu identidad. Mientras seas claro y comprensible, tener acento no es un problema. De hecho, en entornos internacionales, ¡todo el mundo tiene acento!

Saber toda la gramática inglesa: Nadie te va a pedir que expliques el "Future Perfect Continuous". Se trata de comunicar ideas, no de aprobar un examen lingüístico.

Años de estudio previo: Con una preparación enfocada de unas pocas semanas usando este método, puedes ver resultados increíbles.

Lo que sí necesitas es curiosidad, disciplina y la convicción de que te mereces ese puesto de trabajo.

Una sola entrevista puede cambiar tu vida

Piensa por un momento en lo que significaría para ti conseguir ese empleo. Visualiza el momento en el que recibes la oferta por escrito. Imagina la satisfacción de contarle a tu familia que lo lograste, que superaste el miedo y que ahora formas parte de una organización que valorará tu talento a nivel internacional.

Esa realidad está mucho más cerca de lo que crees. A veces, lo único que nos separa de nuestro próximo gran salto profesional es una conversación de 45 minutos. Este libro es tu entrenamiento para que esos 45 minutos sean los mejores de tu carrera.

En SpeakFluenti, creemos que el talento no tiene fronteras. Queremos que los hispanohablantes lideren equipos en Silicon Valley, que gestionen proyectos en Londres y que innoven desde sus casas para empresas de todo el mundo. El mundo necesita tu visión, tu ética de trabajo y tu creatividad. Solo nos falta pulir la herramienta para que puedas expresarlo todo en inglés.

¿Estás listo para empezar?

Estamos muy emocionados de acompañarte en este proceso. Al pasar la página, estarás dejando atrás las excusas de "mi inglés no es suficiente" y empezarás a construir tu nueva versión profesional.

Recuerda: no estás solo en esto. Tienes a todo el equipo de SpeakFluenti apoyándote a través de estas páginas. Vamos a ir paso a paso, desde lo más básico hasta los detalles más avanzados.

En el Capítulo 1, comenzaremos con algo fundamental: La mentalidad ganadora y la investigación previa. Antes de decir una sola palabra en inglés, hay un trabajo de "detective" que debes hacer para entender a la empresa y al entrevistador. Esto te dará una ventaja competitiva enorme incluso antes de que comience la reunión.

Toma un café, busca un lugar cómodo, prepara un bolígrafo para tomar notas y, sobre todo, mantén la mente abierta. Tu carrera internacional comienza hoy mismo.

Let's get started! (¡Empecemos!)

BONUS: 🎁 ¡TU LIBRO VIENE CON UN REGALO EXCLUSIVO!

Este libro es solo el comienzo...

Ahora puedes acceder totalmente GRATIS al **Curso en Video de 30 Días para Hablar Inglés y la comunidad de SKOOL**, creado especialmente para lectores como tú.

🌐 ¿Te cuesta mantenerte motivado?

📚 ¿Te gustaría ver y escuchar cómo se aplica lo que estás leyendo?

🎥 ¿Quieres sentir que alguien te guía paso a paso?

Entonces este curso es para ti.

🎥 ¿QUÉ INCLUYE EL CURSO?

☑ 30 lecciones en video (una por día, de solo 3 a 5 minutos)

☑ Explicaciones claras y prácticas que complementan cada capítulo del libro

☑ Ejercicios en pantalla, ejemplos reales y trucos para hablar con confianza

☑ Acceso a nuestra comunidad privada en **Skool** donde aprenderás junto a otras personas, resolverás dudas y nunca estarás solo

📱 Escanea el código QR que ves aquí arriba y accede al instante.

"No tienes que estudiar más… solo sigue el plan, un video al día, y verás cómo tu inglés empieza a fluir."

Hazlo por ti.

Hazlo fácil.

Hazlo con **Speak Fluenti.**

Únete ahora al curso gratuito y empieza a hablar inglés con confianza desde hoy.

CAPÍTULO 1

CÓMO FUNCIONAN LAS ENTREVISTAS DE TRABAJO EN INGLÉS

¡BIENVENIDO AL PRIMER PASO REAL DE TU TRANSFORMACIÓN PROFESIONAL!

S i estás leyendo esto, es porque ya has aceptado el reto. Ya pasamos la introducción, ya sabemos que el miedo es normal y ya entendimos que SpeakFluenti está aquí para ser tu guía. Ahora, es momento de entrar en materia.

. . .

Antes de aprender frases de memoria o listas de vocabulario, necesitamos entender el *"campo de juego"*. ¿Alguna vez has intentado jugar un deporte sin conocer las reglas? Es frustrante, ¿verdad? Lo mismo pasa con las entrevistas en inglés. Muchos profesionales brillantes fallan no por su nivel de idioma, sino porque no entienden la dinámica, las expectativas y la cultura detrás de una entrevista internacional.

En este capítulo, vamos a desmitificar todo el proceso. Vamos a abrir la *"caja negra"* de las entrevistas para que, cuando te conectes a esa videollamada o entres a esa oficina, sepas exactamente qué está pasando y qué esperan de ti. Al terminar estas páginas, te aseguro que verás las entrevistas no como un examen de inglés, sino como una oportunidad de comunicación profesional.

¿POR QUÉ LAS EMPRESAS ENTREVISTAN EN INGLÉS? (MÁS ALLÁ DEL IDIOMA)

Es fácil pensar que la entrevista en inglés es una tortura diseñada para ver si cometes errores gramaticales. Pero la realidad es muy distinta. Las empresas no son escuelas de idiomas; son negocios que buscan soluciones.

El inglés como "Sistema Operativo"

Hoy en día, el inglés es el sistema operativo de los negocios globales. Imagina que una empresa en Alemania contrata a un ingeniero en México, a un diseñador en España y a un experto en marketing en la India. ¿Cómo se comunican? En inglés.

Cuando una empresa te entrevista en inglés, lo que realmente está evaluando es:

Capacidad de colaboración: ¿Podrás entender las instrucciones de tu jefe que está en Chicago?

Resolución de problemas: Si surge una crisis, ¿podrás explicarla claramente en la reunión semanal de los lunes?

.   .   .

⬤ **Integración cultural:** ¿Te sentirás cómodo en un entorno donde se mezclan acentos de todo el mundo?

ESCENARIOS COMUNES

Dependiendo de la empresa, la razón del uso del inglés varía:

⬤ **Empresas Internacionales con sede local:** Puede que trabajes en tu país, pero tu reporte directo esté en otro continente.

⬤ **Trabajo Remoto (Digital Nomads):** Trabajas para una startup en San Francisco desde la comodidad de tu casa. Aquí el inglés es tu único puente con el equipo.

⬤ **Equipos Multinacionales:** Tu equipo habla cinco idiomas nativos diferentes, pero el "puente" común es el inglés.

⬤ **Empresas que usan el inglés como lengua oficial:** Incluso si todos en la oficina hablan español, la documentación, los correos y el software están en inglés.

Recuerda esto: El reclutador no busca a un poeta. Busca a un profesional que pueda usar el inglés como una herramienta de trabajo efectiva.

LO QUE LOS RECLUTADORES EVALÚAN REALMENTE

Aquí es donde muchos candidatos se relajan (o deberían hacerlo). Existe el mito de que si dices "he go" en lugar de "he goes", estás fuera del proceso. Falso. A menos que estés aplicando para ser profesor de inglés o traductor literario, la perfección gramatical está muy abajo en la lista de prioridades del reclutador. Esto es lo que realmente están observando:

La claridad sobre la perfección

¿Puedes transmitir tu idea de forma que la otra persona la entienda a la primera? Un candidato que habla despacio, con errores simples, pero con una estructura lógica, es mucho más valioso que uno que habla rápido, con gramática perfecta, pero que no llega al punto o es confuso.

La confianza (Confidence)

La confianza no es "no tener miedo". La confianza es proyectar que sabes de lo que estás hablando. En el mundo anglosajón, la seguridad en uno mismo se valora muchísimo. Si tú dudas de tu capacidad para hablar, el reclutador dudará de tu capacidad para hacer el trabajo.

● **Tip de SpeakFluenti:** Si no sabes una palabra técnica, descríbela. No te detengas. Esa capacidad de "navegar" el idioma demuestra resiliencia y agilidad mental.

La actitud profesional

Tu lenguaje corporal, tu tono de voz y tu capacidad de escucha dicen más que tus verbos en pasado simple. Los reclutadores buscan personas con las que "de gusto trabajar". Una sonrisa, un saludo cordial y una escucha activa valen oro.

LA ESTRUCTURA TÍPICA DE UNA ENTREVISTA EN INGLÉS

Las entrevistas en inglés suelen seguir un guion bastante predecible. Conocer este mapa te permitirá anticipar tus respuestas y reducir la ansiedad. Vamos a desglosar las etapas:

● **Fase 1: The Icebreaker (Small Talk)**

No subestimes esta parte. Son los primeros 2 o 3 minutos. El reclutador te preguntará: "How are you today?" o "Did you have any trouble joining the call?".

Propósito: Romper el hielo y ver tu fluidez natural.

Ejemplo:

Interviewer: "Hi! How's your day going?"

. . .

You: "It's going great, thank you! I've been looking forward to this meeting all morning."

Fase 2: The Introduction (The Pitch)

Aquí es donde te dicen: "So, tell me a bit about yourself". Es el momento de presentar tu "yo profesional". No quieren saber tu edad o cuántos perros tienes; quieren saber tu trayectoria y por qué estás ahí.

Fase 3: Experience and Skills

Preguntas directas sobre lo que has hecho. "Tell me about your role at your last company". Aquí usarás mucho el pasado simple y el presente perfecto.

Fase 4: Behavioral Questions (Situational)

Estas son las famosas preguntas que empiezan con: "Tell me about a time when..." (Cuéntame de una vez en la que...). Buscan ejemplos reales de cómo manejas el estrés, los conflictos o el liderazgo.

Fase 5: Strengths and Weaknesses

Un clásico. Aquí evalúan tu honestidad y tu capacidad de mejora (growth mindset).

Fase 6: Your Turn (Questions for the candidate)

"Do you have any questions for us?". Si dices "No", cometes un error grave. Demuestra falta de interés. Siempre debes tener 2 o 3 preguntas listas.

Fase 7: The Wrap-up (Closing)

Información sobre los siguientes pasos y despedida. "We'll get back to you by next week".

LOS MIEDOS MÁS COMUNES (Y POR QUÉ SON NORMALES)

Es hora de ponerles nombre a esos "monstruos" que te quitan el sueño. En SpeakFluenti hemos escuchado a cientos de alumnos, y estos son los miedos que todos comparten:

"No voy a entender la pregunta": El miedo a que el reclutador tenga un acento muy fuerte o hable muy rápido.

Realidad: Puedes pedir que repitan. Es mucho más profesional decir "Could you please repeat that? I want to make sure I understand correctly" que responder algo que no te preguntaron.

"Me voy a quedar en blanco": Ese bloqueo mental donde el cerebro se desconecta.

Realidad: El bloqueo suele venir por intentar traducir palabra por palabra del español. En este libro te enseñaremos a "pensar en bloques" de significado.

"Mi acento es muy marcado"
   Realidad: El acento es una señal de que hablas más de un idioma. Es un superpoder, no una debilidad. Mientras tu pronunciación sea clara (inteligible), el acento no te impedirá conseguir el trabajo.

"Voy a cometer errores gramaticales":

Realidad: Los nativos también cometen errores. El objetivo es la comunicación, no la perfección.

POR QUÉ LA PREPARACIÓN MARCA LA DIFERENCIA

Aquí está el secreto mejor guardado: Una entrevista en inglés no se improvisa.

· · ·

Incluso los nativos se preparan. La diferencia es que tú tienes que preparar dos cosas: el contenido (tus logros) y el vehículo (el inglés). La buena noticia es que las entrevistas son limitadas. No te pueden preguntar sobre la historia del arte o física cuántica; te van a preguntar sobre ti y sobre tu trabajo. Y eso, amigo mío, es algo que puedes ensayar hasta que salga natural.

La preparación te permite:

Tener "scripts" o guiones mentales para las preguntas difíciles.

Automatizar frases útiles (las llamamos Power Phrases).

Reducir el esfuerzo cognitivo durante la entrevista (así tu cerebro no se cansa tanto de traducir).

ERRORES COMUNES QUE DEBES EVITAR

Para que no tropieces con las mismas piedras que otros, ten en cuenta estos errores clásicos:

Traducción directa: El español es un idioma muy descriptivo y largo. El inglés es directo y al grano. Si intentas traducir tus frases largas del español, te vas a enredar.

Respuestas cortas (The Yes/No Wall): Si te preguntan "Do you like working in teams?", no digas solo "Yes". Tienes que expandir. "Yes, I really enjoy it because...".

Hablar demasiado (The Rambling): Por los nervios, muchos candidatos empiezan a hablar y no saben cómo parar. Pierden el hilo y confunden al entrevistador.

Ser demasiado informal: Aunque la empresa sea una startup moderna, evita el "slang" o palabras demasiado coloquiales como "dude" o "gonna" en exceso. Mantén un tono profesional pero amable.

LA MENTALIDAD (MINDSET) PARA EL ÉXITO

Para cerrar este primer capítulo, quiero hablarte de tu actitud. La preparación técnica es el 50%, el otro 50% es tu mentalidad.

Míralo de esta manera: La entrevista es una negociación entre iguales. La empresa tiene un problema y tú tienes la solución. El inglés es solo el canal. No vayas a la entrevista con actitud de "por favor, denme el trabajo". Ve con la actitud de "veamos si mi talento encaja con lo que ustedes necesitan".

Este cambio de chip te quitará presión. Ya no eres un alumno siendo examinado por un profesor; eres un profesional hablando con otro profesional.

Referencias de Audio

En el material complementario de este libro, encontrarás una sección dedicada al Capítulo 1. Te recomiendo escuchar el Audio 1.1: El tono de voz profesional. En él, podrás escuchar la diferencia entre un candidato que suena inseguro y uno que, con el mismo nivel de inglés, proyecta confianza. También escucha el Audio 1.2: Ejemplos de Small Talk, para que te familiarices con esos primeros minutos de conversación.

Un pequeño ejemplo para visualizar

Imagina a Carlos, un desarrollador de software con un inglés intermedio. Está nervioso. Su entrevista empieza así:

Interviewer: "Hi Carlos, welcome! How are you doing today?"

Carlos (Pensando en español: 'Estoy bien, gracias, un poco nervioso pero listo'): "I am good, thanks. A little nervous, but ready."

Interviewer: "That's normal! It's a pleasure to meet you. Tell me, was it easy to find our office?"

Carlos: "Yes, very easy. The map was good."

. . .

¿Ves? Carlos no usó palabras complejas. Fue honesto, directo y mantuvo la conversación. Eso es lo que buscamos. En los siguientes capítulos, ayudaremos a Carlos (y a ti) a que esas respuestas sean todavía más profesionales.

¿Qué sigue?

Ahora que ya conoces las reglas del juego y has visto que el monstruo no es tan grande como parecía, es hora de empezar a construir tus herramientas.

En el Capítulo 2, entraremos de lleno en la fase de preparación real. Vamos a analizar las preguntas más comunes que te harán en cualquier entrevista y, lo más importante, vamos a construir tus respuestas personalizadas. Prepárate, porque aquí es donde empezarás a crear tu propio "manual de éxito" para tu próxima gran oportunidad.

¡Nos vemos en el próximo capítulo!

EJERCICIOS DEL CAPITULO 1

¡Es hora de pasar a la acción! La teoría es el mapa, pero la práctica es el camino. Completa estos ejercicios para empezar a aterrizar todo lo que hemos aprendido en este primer capítulo.

No te preocupes por la perfección ahora; lo importante es empezar a poner tus ideas sobre el papel. Te recomiendo tener un cuaderno a mano o imprimir estas hojas para escribir con calma.

EJERCICIO 1: IDENTIFICANDO MIS MIEDOS

Objetivo: Ponerle nombre a lo que te detiene para poder gestionarlo mejor.

Instrucciones: Reflexiona sobre tus experiencias pasadas o lo que imaginas que pasará en tu próxima entrevista en inglés. Responde con total honestidad a las siguientes preguntas:

¿Cuál es tu mayor temor al enfrentar una entrevista en inglés? (Ejemplo: "Quedarme en blanco", "No entender el acento del reclutador", "Parecer poco profesional").

Escribe aquí: ____

¿En qué situaciones específicas sientes que tu inglés "falla" o te pones más nervioso/a?

Escribe aquí: ____

Si hoy tuvieras una entrevista y cometieras un error gramatical, ¿cómo reaccionarías normalmente? ¿Cómo podrías reaccionar de forma más positiva ahora que sabes que la perfección no es el objetivo?

Escribe aquí: ____

EJERCICIO 2: TU ESCENARIO IDEAL (VISUALIZACIÓN)

Objetivo: Grounding (aterrizar) tus metas para que la preparación tenga un sentido real.

Instrucciones: Imagina la oportunidad profesional que te motivó a comprar este libro. Describe el escenario en el que te gustaría estar en las próximas semanas:

¿A qué empresa te gustaría postular? (O qué tipo de empresa: Startup, Multinacional, etc.):

____

¿Para qué puesto o cargo te vas a preparar?:

____

¿Por qué crees que el inglés es clave para esta posición?:

____

EJERCICIO 3: TU PRIMER "PITCH" PERSONAL

Objetivo: Empezar a estructurar tu presentación básica sin presión.

Instrucciones: En el capítulo mencionamos que la presentación (The Introduction) es clave. Intenta escribir 3 o 4 frases sencillas en español sobre quién eres profesionalmente. Luego, intenta pensar en cómo sonarían en inglés (usa palabras que ya conozcas, no busques frases complejas).

● **Paso 1 (Tu rol actual/principal):** "Soy [Tu profesión] con [X] años de experiencia."

● **Paso 2 (Tu mayor fortaleza):** "Mi mayor fuerte es [gestión de equipos / programar / vender / etc.]."

● **Paso 3 (Tu meta):** "Estoy buscando una oportunidad en [Empresa/Sector] para aportar mis conocimientos en [X]."

Tip SpeakFluenti: Intenta leer esto en voz alta. No importa si suena "Spanglish" por ahora, el objetivo es que te sientas cómodo hablando de ti.

EJERCICIO 4: ORDENANDO EL PROCESO

Objetivo: Reforzar la estructura típica de una entrevista internacional.

Instrucciones: A continuación, verás las etapas de una entrevista desordenadas. Numéralas del 1 al 6 según el orden lógico que explicamos en el capítulo:

☐ Behavioral Questions: Preguntas sobre cómo manejaste situaciones en el pasado.

☐ The Wrap-up: Cierre de la entrevista y próximos pasos.

☐ Small Talk: Charla informal para romper el hielo.

☐ Your Turn: El momento de hacerle preguntas tú al reclutador.

☐ The Pitch: Presentación sobre quién eres y tu trayectoria.

☐ Strengths & Weaknesses: Conversación sobre tus fortalezas y debilidades.

EJERCICIO 5: INVENTARIO DE CONFIANZA PROFESIONAL

Objetivo: Recordar que tu valor como profesional es independiente de tu nivel de inglés.

Instrucciones: Completa las siguientes listas. Esto te servirá como base para todas las respuestas que construiremos en los próximos capítulos.

Enumera 3 habilidades técnicas (Hard Skills) en las que eres excelente:

1.___________________ 2. ___________________ 3. ___________________

Enumera 3 habilidades interpersonales (Soft Skills) que posees: (Ejemplo: Liderazgo, paciencia, comunicación, organización).

1.___________________ 2. ___________________ 3. ___________________

Escribe un logro profesional del que te sientas orgulloso/a: (No importa si es grande o pequeño, lo importante es que tú lo valores).

Logro: ____

¡Excelente trabajo! Has terminado los ejercicios del primer capítulo. Ya tienes una base sólida sobre tus miedos, tus metas y, sobre todo, sobre tu valor profesional.

¿Sientes que ya tienes un poco más de claridad? ¡Espero que sí! Ahora, mantén este entusiasmo porque en el siguiente paso vamos a entrar en la parte más esperada: ¿Qué es exactamente lo que me van a preguntar y cómo debo responder? Nos vemos en el Capítulo 2.

LAS PREGUNTAS MÁS COMUNES EN ENTREVISTAS DE TRABAJO EN INGLÉS

¡BIENVENIDO AL SEGUNDO CAPÍTULO DE TU ENTRENAMIENTO CON SPEAKFLUENT!

Si ya completaste el primer capítulo y realizaste los ejercicios de reflexión, ¡excelente trabajo! Ahora tienes una idea clara de qué esperar y, lo más importante, has identificado que el inglés es una herramienta para mostrar tu valor profesional, no un obstáculo insuperable.

. . . .

En este capítulo, vamos a entrar de lleno en el "qué". Vamos a analizar las piezas del rompecabezas: las preguntas.

¿Alguna vez has sentido que los reclutadores se ponen de acuerdo para preguntar siempre lo mismo? ¡Es porque lo hacen! Aunque cada empresa es un mundo, existen ciertos estándares globales en los procesos de selección. Los reclutadores utilizan preguntas específicas porque estas han demostrado ser efectivas para predecir si un candidato encajará en el equipo y resolverá los problemas del puesto.

Nuestro objetivo hoy es que, al terminar de leer estas páginas, las preguntas de una entrevista dejen de ser un misterio para ti. Queremos que, cuando escuches una de estas frases en inglés, tu cerebro no entre en pánico intentando traducir, sino que reconozca la "intención" del reclutador y active la respuesta que habremos preparado juntos.

LA LÓGICA DETRÁS DE LAS PREGUNTAS: ¿QUÉ BUSCAN REALMENTE?

Antes de ver la lista, es fundamental entender que una entrevista no es un examen de conocimientos donde solo hay una respuesta correcta. Es una evaluación de competencias y personalidad.

Cuando un reclutador te hace una pregunta, suele estar evaluando tres áreas invisibles:

● **Can you do the job? (¿Puedes hacer el trabajo?):** Evalúan tus habilidades técnicas y experiencia.

● **Will you do the job? (¿Harás el trabajo?):** Evalúan tu motivación, energía y compromiso.

● **Will you fit in? (¿Encajarás?):** Evalúan tu personalidad, tus valores y si te llevarás bien con el equipo actual.

. . .

La mayoría de las preguntas que veremos a continuación son preguntas de comportamiento (behavioral questions). La idea detrás de ellas es simple: "Tu comportamiento pasado es el mejor predictor de tu comportamiento futuro". Por eso, no te preguntarán "¿Eres bueno trabajando bajo presión?", sino "Cuéntame de una vez donde estuviste bajo mucha presión".

En SpeakFluenti enseñamos que entender la intención es el 50% del éxito. Si entiendes por qué te preguntan algo, tu respuesta será mucho más estratégica.

LAS 20 PREGUNTAS MÁS COMUNES (TU GUÍA ESENCIAL)

A continuación, vamos a desglosar las 20 preguntas que encontrarás en el 90% de las entrevistas en inglés. Para cada una, te daremos la traducción, el secreto del reclutador, un ejemplo de respuesta y el análisis de por qué esa respuesta funciona.

Tell me about yourself.
   Traducción: Cuéntame sobre ti.

Lo que el reclutador quiere saber: No quiere saber tu historia de vida. Quiere un resumen profesional de 2 minutos que conecte tu pasado, tu presente y por qué estás sentado frente a ellos hoy.

Ejemplo de respuesta: "I am a marketing professional with over five years of experience in digital advertising. In my last role, I led a team that increased social media engagement by 40%. I enjoy solving creative problems, and that's why I'm very excited about this opportunity at your company."

¿Por qué funciona?: Es breve, menciona un logro cuantificable (40%) y muestra entusiasmo por la empresa actual.

Why are you interested in this position?
   Traducción: ¿Por qué te interesa este puesto?

. . .

Lo que el reclutador quiere saber: ¿Hiciste tu tarea? ¿Sabes qué hace la empresa o solo mandaste tu CV a 100 lugares al azar?

Ejemplo de respuesta: "I've been following your company for a while, and I admire your focus on sustainable technology. I believe my background in project management aligns perfectly with the goals of this role, and I want to contribute to a team that values innovation."

¿Por qué funciona?: Menciona valores específicos de la empresa (sustentabilidad e innovación) y conecta sus habilidades con los objetivos del puesto.

⬤ **What are your strengths?**
   Traducción: ¿Cuáles son tus fortalezas?

Lo que el reclutador quiere saber: ¿Eres consciente de en qué eres bueno y cómo eso ayuda a la empresa?

Ejemplo de respuesta: "My greatest strength is my adaptability. In the tech industry, things change fast. For example, last year we had to switch our entire database system in two weeks, and I was able to learn the new software quickly and help my teammates with the transition."

¿Por qué funciona?: No solo dice la fortaleza (adaptabilidad), sino que da un ejemplo real de cómo la usó.

⬤ **What are your weaknesses?**
   Traducción: ¿Cuáles son tus debilidades?

Lo que el reclutador quiere saber: ¿Eres honesto y tienes autocrítica? Buscan a alguien que esté trabajando en mejorar, no a alguien "perfecto".

• • •

Ejemplo de respuesta: "Sometimes I struggle with public speaking. However, I've been taking an online course and practicing during internal meetings to become more confident. I'm definitely seeing progress."

¿Por qué funciona?: Menciona una debilidad real (pero no fatal para el puesto) y explica qué está haciendo activamente para solucionarlo.

● **Why did you leave your last job?**
   Traducción: ¿Por qué dejaste tu último trabajo?

Lo que el reclutador quiere saber: ¿Hubo conflictos? ¿Te despidieron por bajo rendimiento? Regla de oro de SpeakFluenti: Nunca hables mal de tu jefe o empresa anterior.

Ejemplo de respuesta: "I learned a lot at my previous company, but I felt I had reached a ceiling in terms of growth. I'm looking for a new challenge where I can apply my skills in a more international environment."

¿Por qué funciona?: Es positivo y se enfoca en el crecimiento futuro en lugar de problemas pasados.

● **Where do you see yourself in five years?**
   Traducción: ¿Dónde te ves en cinco años?

Lo que el reclutador quiere saber: ¿Tus metas personales coinciden con lo que la empresa puede ofrecerte? ¿Te quedarás con ellos un tiempo?

Ejemplo de respuesta: "In five years, I would like to be seen as an expert in data analysis within this company. I hope to take on more leadership responsibilities and help the team achieve even bigger goals."

¿Por qué funciona?: Muestra ambición pero dentro de la misma organización, lo cual da tranquilidad al reclutador sobre tu estabilidad.

Why should we hire you?
  Traducción: ¿Por qué deberíamos contratarte?

Lo que el reclutador quiere saber: Esta es tu oportunidad de venderte. ¿Qué te hace único frente a otros candidatos con experiencia similar?

Ejemplo de respuesta: "You should hire me because I have the perfect mix of technical skills in software development and the ability to communicate effectively with non-technical clients. I can bridge that gap and ensure projects are delivered correctly."

¿Por qué funciona?: Identifica un "dolor" común en las empresas (la falta de comunicación entre técnicos y clientes) y se posiciona como la solución.

Describe a challenge you faced at work.
  Traducción: Describe un desafío que enfrentaste en el trabajo.

Lo que el reclutador quiere saber: ¿Cómo reaccionas cuando las cosas salen mal? ¿Te quejas o buscas soluciones?

Ejemplo de respuesta: "Last year, we lost a key supplier two days before a product launch. I immediately contacted alternative providers and negotiated a rush order. We managed to launch on time with minimal extra costs."

. . .

¿Por qué funciona?: Muestra iniciativa, rapidez y resultados positivos bajo presión.

● **How do you handle pressure?**
   Traducción: ¿Cómo manejas la presión?

Lo que el reclutador quiere saber: Quieren saber si mantienes la calma y si tienes un sistema (como priorizar tareas) para manejar el estrés.

Ejemplo de respuesta: "I handle pressure by staying organized. I use task management tools to prioritize what's urgent. When things get intense, I focus on one step at a time and maintain clear communication with my manager."

¿Por qué funciona?: Menciona herramientas y métodos concretos, lo que demuestra madurez profesional.

● **Describe a difficult situation with a colleague.**
   Traducción: Describe una situación difícil con un colega.

Lo que el reclutador quiere saber: ¿Tienes inteligencia emocional? ¿Puedes resolver conflictos de forma madura?

Ejemplo de respuesta: "Once, a colleague and I had different opinions on a project's direction. Instead of arguing, I invited them for a coffee to discuss our views. We found a middle ground that actually improved the final result."

¿Por qué funciona?: Muestra capacidad de diálogo y una actitud orientada a la colaboración, no a tener la razón.

● **What is your greatest professional achievement?**

Traducción: ¿Cuál es tu mayor logro profesional?

Lo que el reclutador quiere saber: ¿Qué consideras "éxito"? ¿Tus logros benefician a la empresa o solo a ti?

Ejemplo de respuesta: "My greatest achievement was implementing a new CRM system that saved the sales team 10 hours of manual work per week. It improved our overall efficiency significantly."

¿Por qué funciona?: Es un logro que tiene un impacto directo y medible en la productividad de la empresa.

● **How do you handle criticism?**
  Traducción: ¿Cómo manejas las críticas?

Lo que el reclutador quiere saber: ¿Eres "entrenable" (coachable)? ¿Te tomas las cosas de forma personal o las usas para mejorar?

Ejemplo de respuesta: "I see criticism as an opportunity to grow. If my manager gives me negative feedback, I listen carefully, ask questions to understand how to improve, and then I create an action plan to fix it."

¿Por qué funciona?: Demuestra una mentalidad de crecimiento (growth mindset).

● **What do you know about our company?**
  Traducción: ¿Qué sabes sobre nuestra empresa?

Lo que el reclutador quiere saber: De nuevo, evalúan tu interés real. Quieren saber si entiendes su misión y su lugar en el mercado.

• • •

Ejemplo de respuesta: "I know that you are leaders in the fintech space and that you recently expanded into the Latin American market. I'm very impressed by your commitment to financial inclusion."

¿Por qué funciona?: Demuestra que ha leído las noticias recientes sobre la empresa y conoce sus valores.

⬤ **Do you prefer working independently or in a team?**
   Traducción: ¿Prefieres trabajar de forma independiente o en equipo?

Lo que el reclutador quiere saber: La mayoría de los trabajos requieren ambos. Quieren a alguien flexible.

Ejemplo de respuesta: "I enjoy both. I like the synergy of working in a team to brainstorm ideas, but I am also very disciplined and focused when I need to work independently on specific tasks."

¿Por qué funciona?: Muestra equilibrio y adaptabilidad según la necesidad del proyecto.

⬤ **How do you stay organized?**
   Traducción: ¿Cómo te organizas?

Lo que el reclutador quiere saber: ¿Eres una persona caótica o tienes un sistema confiable?

Ejemplo de respuesta: "I use a combination of digital calendars for deadlines and a daily to-do list for immediate tasks. I usually spend the first 10 minutes of my day prioritizing my workload."

• • •

¿Por qué funciona?: Da detalles específicos sobre su rutina, lo que genera confianza en su disciplina.

● **What are your salary expectations?**
  Traducción: ¿Cuáles son tus expectativas salariales?

Lo que el reclutador quiere saber: ¿Estás dentro de su presupuesto? Tip de SpeakFluenti: Intenta investigar el rango antes de la entrevista.

Ejemplo de respuesta: "Based on my research for similar roles in this city and my level of experience, I am looking for a salary in the range of X to Y. However, I am open to discussing the total compensation package."

¿Por qué funciona?: Da un rango (lo que da flexibilidad) y muestra que su cifra está basada en datos, no en caprichos.

● **How do you deal with conflict?**
  Traducción: ¿Cómo manejas los conflictos?

Lo que el reclutador quiere saber: Similar a la pregunta del colega difícil, pero más general. Buscan madurez y enfoque en la solución.

Ejemplo de respuesta: "I believe communication is key. When a conflict arises, I try to address it directly and professionally with the person involved to find a solution that works for everyone."

¿Por qué funciona?: Es una respuesta segura que resalta la comunicación directa.

● **Why are you the best candidate for this role?**

Traducción: ¿Por qué eres el mejor candidato para este puesto?

Lo que el reclutador quiere saber: Este es tu "resumen de cierre". Tienes que conectar todos los puntos.

Ejemplo de respuesta: "I am the best candidate because I have the specific technical experience you need, a proven track record of delivering results, and I am deeply passionate about your company's mission."

¿Por qué funciona?: Resume tres pilares: Experiencia, Resultados y Pasión.

● **What motivates you?**
   Traducción: ¿Qué te motiva?

Lo que el reclutador quiere saber: ¿Te motiva solo el dinero o te apasiona el trabajo bien hecho y aprender cosas nuevas?

Ejemplo de respuesta: "I am motivated by seeing the impact of my work. Knowing that a project I helped develop is making life easier for customers gives me a great sense of satisfaction."

¿Por qué funciona?: Alinea la satisfacción personal con el éxito de la empresa.

● **Do you have any questions for us?**
   Traducción: ¿Tienes alguna pregunta para nosotros?

Lo que el reclutador quiere saber: ¡Nunca digas que no! Esta pregunta evalúa tu nivel de interés y tu inteligencia.

. . .

Ejemplo de respuesta: "Yes! What does a typical day look like for someone in this role? And what are the biggest challenges the team is currently facing?"

¿Por qué funciona?: Demuestra que ya te estás visualizando en el puesto y que te interesas por los retos del equipo.

COMPRENDIENDO LAS PREGUNTAS DE COMPORTAMIENTO (BEHAVIORAL QUESTIONS)

Como mencionamos al principio, las preguntas que empiezan con "Tell me about a time when..." o "Give me an example of..." son las reinas de las entrevistas modernas.

¿Por qué son tan populares? Porque es muy fácil mentir cuando te preguntan "¿Eres un buen líder?" (Cualquiera diría que sí). Pero es muy difícil inventar una historia coherente y detallada cuando te preguntan "Cuéntame de una vez que tuviste que liderar a un equipo durante una crisis".

Estas preguntas buscan evidencias de tus habilidades blandas (soft skills):

Liderazgo: ¿Puedes guiar a otros?

Resolución de problemas: ¿Cómo piensas cuando hay un obstáculo?

Comunicación: ¿Puedes explicar ideas complejas de forma simple?

Resiliencia: ¿Cómo te recuperas del fracaso?

En el siguiente capítulo te enseñaremos una fórmula mágica (el Método STAR) para que estas preguntas dejen de darte miedo y se conviertan en tu mejor oportunidad para brillar.

Por ahora, lo importante es que empieces a pensar en tus historias profesionales. ¿Qué momentos de tu carrera demuestran que eres el profesional que dices ser?

ERRORES COMUNES AL RESPONDER (Y CÓMO EVITARLOS)

Incluso con un buen nivel de inglés, muchos candidatos hispanohablantes caen en errores estratégicos. Aquí te listamos los más comunes para que tú no los cometas:

Error 1: Ser demasiado breve

Si el reclutador te pregunta sobre tu experiencia y tú respondes con dos frases, sentirá que no tienes mucho que ofrecer o que no tienes confianza.

Solución: Intenta que tus respuestas duren entre 1 y 2 minutos. Ni más, ni menos.

Error 2: Hablar sin ejemplos

Decir "soy muy organizado" no significa nada. Todos dicen eso.

Solución: Siempre acompaña una cualidad con un ejemplo: "Soy muy organizado; en mi último trabajo utilizaba Trello para gestionar 15 proyectos simultáneos".

Error 3: No tener estructura

Muchos candidatos empiezan a hablar y, a mitad de la respuesta, olvidan cuál era la pregunta inicial. Empiezan a dar vueltas y terminan de forma abrupta.

Solución: Aprender estructuras claras (como las que veremos en el Capítulo 3) te ayudará a tener un inicio, un desarrollo y un final contundente.

Error 4: Parecer inseguro

En la cultura de negocios anglosajona, la humildad excesiva puede malinterpretarse como falta de capacidad.

. . .

Solución: No tengas miedo de decir "I did a great job" o "I am an expert in...". No es arrogancia, es profesionalismo. Si tú no crees que eres bueno, ellos tampoco lo creerán.

EL PODER DE LA PREPARACIÓN Y EL AUDIO

La clave para que estas 20 preguntas no te tomen por sorpresa es la familiaridad.

En la plataforma de Skool de SpeakFluenti, tienes acceso a los audios correspondientes a este capítulo. Te recomiendo encarecidamente que escuches el Audio 2.1: El Top 20 de Preguntas. Escucha cómo el entrevistador pronuncia cada palabra, la entonación que usa y dónde pone el énfasis.

Luego, escucha el Audio 2.2: Modelos de Respuesta. No se trata de que las memorices palabra por palabra (tus respuestas deben ser tuyas, basadas en tu experiencia), sino de que te acostumbres al ritmo y a la estructura de una respuesta profesional.

Tu tarea ahora: Escucha y repite en voz alta. Grábate con tu teléfono haciendo estas preguntas y luego responde. Escuchar tu propia voz en inglés es una de las formas más rápidas de perder el miedo y mejorar la pronunciación.

CONCLUSIÓN Y PRÓXIMOS PASOS

¡Uf! Hemos cubierto mucho terreno hoy. Ya conoces las 20 preguntas que probablemente te hagan, entiendes qué busca el reclutador detrás de cada una y has visto ejemplos de respuestas efectivas.

Pero saber qué te van a preguntar es solo la mitad de la batalla. La otra mitad es saber cómo construir tus propias respuestas de manera que sean imposibles de olvidar para el reclutador. No queremos que des respuestas genéricas que cualquier otro candidato podría dar. Queremos respuestas que tengan tu sello personal, que demuestren tu experiencia y que fluyan con naturalidad, incluso si tu gramática no es perfecta.

· · ·

Por eso, en el próximo capítulo, te voy a presentar una herramienta poderosa que cambiará para siempre tu forma de comunicarte en una entrevista. Es un método sencillo, paso a paso, que te permitirá organizar tus pensamientos y hablar con una claridad que sorprenderá a cualquier reclutador.

¿Estás listo para aprender a estructurar respuestas de alto impacto? ¡Vamos al Capítulo 3!

EJERCICIOS DEL CAPITULO 2

¡Es momento de pasar de la teoría a la práctica! Conocer las preguntas es el primer paso, pero escribirlas y decirlas en voz alta es lo que realmente construirá tu confianza.

No te preocupes por tener un inglés perfecto ahora. El objetivo de estos ejercicios es que empieces a organizar tus ideas y a familiarizarte con el sonido de tu propia voz en inglés.

EJERCICIO 1: DESCIFRANDO LA INTENCIÓN

Objetivo: Asegurarte de que comprendes no solo las palabras, sino lo que el reclutador realmente está preguntando.

Instrucciones: Lee las siguientes 5 preguntas en inglés y escribe en español qué crees que el reclutador quiere saber realmente con cada una (su "intención oculta").

"Why are you interested in this position?"

¿Qué buscan saber? ____

"What are your strengths?"

¿Qué buscan saber? ____

"Describe a challenge you faced at work."

¿Qué buscan saber? ____

"Why did you leave your last job?"

¿Qué buscan saber? ____

"How do you handle pressure?"

¿Qué buscan saber? ____

EJERCICIO 2: PREPARANDO TU "PRESENTACIÓN ESTRELLA"

Objetivo: Estructurar una respuesta sólida para la pregunta más común: "Tell me about yourself".

Instrucciones: Usa los siguientes puntos guía para escribir una respuesta breve (máximo 4 o 5 líneas). Luego, léela en voz alta tres veces.

Tu presente (Rol actual y años de experiencia):

____

Tu pasado (Un logro clave o habilidad principal):

____

Tu futuro (Por qué quieres este puesto):

____

EJERCICIO 3: TUS SUPERPODERES PROFESIONALES

Objetivo: Estar listo para hablar de tus fortalezas con ejemplos concretos.

Instrucciones: Elige 3 fortalezas de la lista (o usa las tuyas) y piensa en una situación real donde las usaste.

Fortalezas de ejemplo: Problem-solving (resolución de problemas), Teamwork (trabajo en equipo), Adaptability (adaptabilidad), Leadership (liderazgo).

Fortaleza 1: _______________ Ejemplo: _______________________________

Fortaleza 2: _________________ Ejemplo: _______________________________

Fortaleza 3: _________________ Ejemplo: _______________________________

EJERCICIO 4: ENTRENAMIENTO DE RESPUESTAS RÁPIDAS

Objetivo: Practicar la fluidez en respuestas cortas y directas.

Instrucciones: Escribe una respuesta de 2 frases para cada una de estas preguntas. Intenta usar un lenguaje sencillo y profesional.

"What do you know about our company?"

Respuesta: ____

"What is your greatest professional achievement?"

Respuesta: ____

"Do you prefer working independently or in a team?"

Respuesta: ____

EJERCICIO 5: SIMULACRO DE "FUEGO REAL"

Objetivo: Perder el miedo a hablar y evaluar tu propia pronunciación.

Instrucciones: Imagina que estás frente al reclutador ahora mismo. Lee estas 5 preguntas y respóndelas en voz alta. Reto SpeakFluenti: Usa la grabadora de voz de tu teléfono para registrar tus respuestas. Al escucharte, no te juzgues por los errores; fíjate en si tu mensaje es claro.

"Tell me about yourself."

"Why should we hire you?"

"Describe a difficult situation with a colleague."

"Where do you see yourself in five years?"

"Do you have any questions for us?"

¡Buen trabajo! Has dado un paso enorme hoy. Al escribir estas respuestas, has empezado a crear tu propio "banco de datos" profesional en inglés.

Recuerda: No tienes que memorizar estas respuestas como un robot. Se trata de tener la idea clara en tu cabeza para que, cuando llegue el momento, las palabras fluyan con más naturalidad. ¡Sigue practicando en voz alta y nos vemos en el próximo capítulo para aprender a darles una estructura de impacto!

CAPÍTULO 3
CÓMO ESTRUCTURAR BUENAS RESPUESTAS EN INGLÉS SIN BLOQUEARTE

¡HOLA DE NUEVO!

Qué alegría que sigas aquí, avanzando paso a paso en este camino hacia tu éxito profesional internacional. Si ya has llegado al Capítulo 3, significa que ya conoces el *"terreno de juego"* (cómo funcionan las entrevistas) y que ya estás familiarizado con las preguntas que, tarde o temprano, te van a lanzar.

. . .

Pero ahora viene el reto que quita el sueño a muchos profesionales: ¿Cómo respondo sin que mi mente se quede en blanco? ¿Cómo evito dar vueltas y vueltas sin llegar a ningún punto claro?

Seguramente te ha pasado esto: tienes una gran experiencia, has liderado proyectos increíbles o has resuelto problemas dificilísimos, pero en el momento de explicarlo en inglés, sientes que tus ideas son como piezas de un rompecabezas tiradas en el suelo. Sabes que están ahí, pero no sabes cómo armar la imagen para que el reclutador la vea con claridad.

En este capítulo de SpeakFluenti, te voy a enseñar a construir ese rompecabezas. Vamos a aprender un método sencillo para que tus respuestas tengan una estructura sólida. Porque, déjame decirte un secreto: en una entrevista, una respuesta clara y bien organizada es mucho más valiosa que una respuesta con gramática perfecta pero confusa.

EL PODER DE LA ESTRUCTURA: TU SALVAVIDAS EN LA ENTREVISTA

Muchos candidatos piensan que para impresionar a un reclutador en una empresa como Google, Amazon o una startup de rápido crecimiento, necesitan usar un vocabulario digno de Shakespeare. Nada más lejos de la realidad.

Lo que un reclutador internacional valora por encima de todo es la eficiencia en la comunicación. Quieren saber si eres capaz de transmitir una idea compleja de forma sencilla y directa.

¿Por qué la estructura es tu mejor amiga?

Imagina que estás conduciendo en una ciudad que no conoces y no tienes GPS. Es estresante, ¿verdad? Tienes miedo de pasarte la salida o de perderte. Pues bien, la estructura es el GPS de tu cerebro. Cuando tienes una estructura clara en mente:

⬤ **Dejas de tener miedo a "quedarte en blanco":** Porque siempre sabes cuál es el siguiente paso de tu historia.

. . .

● **Evitas hablar de más (Rambling):** Sabes exactamente dónde termina tu respuesta, evitando esos silencios incómodos que intentas llenar con palabras innecesarias.

● **Suenas más profesional:** Una persona que organiza bien sus ideas proyecta seguridad y capacidad de liderazgo.

● **Ayudas al reclutador:** Le haces el trabajo fácil. Si tu respuesta es ordenada, él podrá tomar notas rápidamente y entender tu valor sin esfuerzo.

Recuerda: El reclutador no te está evaluando como si fueras un estudiante de idiomas. Te está evaluando como un profesional que usa el inglés para trabajar.

EL PROBLEMA COMÚN: "SÉ LO QUE QUIERO DECIR, PERO NO CÓMO DECIRLO"

Esta es la frustración número uno de nuestros alumnos en SpeakFluenti. Nos dicen: "En español soy un experto, pero en inglés parezco un principiante porque me pierdo en los detalles".

Esto sucede por una razón muy simple: cuando hablamos en nuestro idioma nativo, nuestra mente se encarga de la estructura de forma automática. No pensamos en "ahora voy a dar el contexto" y "luego diré lo que hice". Simplemente hablamos.

Pero al hablar en inglés, nuestro cerebro está ocupado buscando el vocabulario, la pronunciación y la conjugación de los verbos. ¡Es demasiado trabajo! Por eso, la estructura se desmorona.

La solución es pre-fabricar la estructura. Si ya sabes que todas tus historias van a seguir el mismo orden, tu cerebro podrá dedicar toda su energía a las palabras. Es como tener los cimientos de una casa ya construidos; tú solo tienes que poner los muebles.

EL MÉTODO STAR: TU FÓRMULA MÁGICA (EXPLICADA DE FORMA FÁCIL)

Es muy probable que hayas oído hablar del método STAR. Es el estándar de oro en las entrevistas de las mejores empresas del mundo. Aunque suena a algo "corporativo" y complejo, en realidad es la forma más natural de contar una historia de éxito.

En SpeakFluenti, queremos que lo veas como una herramienta práctica, no como una regla rígida. STAR son las siglas de cuatro partes que toda buena respuesta debería tener:

S – Situation (Situación)

Es el contexto. Aquí es donde pones al reclutador en antecedentes. ¿Dónde trabajabas? ¿Qué estaba pasando? Es como el inicio de una película donde nos presentan el escenario.

El truco: Sé breve. Muchos candidatos cometen el error de pasar 3 minutos explicando la situación y solo 10 segundos explicando qué hicieron. La situación debe ocupar solo el 10-15% de tu respuesta.

T – Task (Tarea)

¿Cuál era el reto o el problema? ¿Qué se esperaba de ti en esa situación específica? Aquí es donde explicas la "misión" que tenías por delante.

El truco: Define claramente cuál era el objetivo.

A – Action (Acción)

Esta es la parte más importante de tu respuesta (el 60-70%). Aquí es donde brillas. ¿Qué hiciste TÚ específicamente? No hables de "nosotros" todo el tiempo; el reclutador te quiere contratar a ti, no a todo tu equipo anterior.

El truco: Usa verbos de acción fuertes (I designed, I managed, I solved, I organized). Explica los pasos que seguiste de forma lógica.

. . .

R – Result (Resultado)

El final feliz. ¿Cómo terminó la historia? ¿Qué lograste? ¿Ahorraste dinero, ganaste tiempo, mejoraste un proceso?

El truco: Siempre que puedas, usa números o datos concretos. Decir "mejoré las ventas" es bueno; decir "mejoré las ventas en un 15% en tres meses" es increíble.

UNA FORMA AÚN MÁS SENCILLA DE ENTENDERLO

Si el acrónimo STAR te parece difícil de recordar cuando estás nervioso, usa esta versión simplificada que llamamos "La historia en 4 pasos":

¿Qué pasaba? (Contexto)

¿Qué había que hacer? (El problema)

¿Qué hiciste tú? (Tu solución)

¿Cómo terminó todo? (El éxito)

¿Ves? Es simplemente contar una anécdota de forma ordenada. No necesitas palabras raras, solo necesitas seguir el orden.

APLICANDO LA ESTRUCTURA A LAS PREGUNTAS REALES

La estructura STAR no se usa para todas las preguntas (no la necesitas para decir cuál es tu nombre), pero es indispensable para las preguntas de comportamiento, que son las más difíciles.

. . .

Por ejemplo, si te preguntan:

"Tell me about a challenge you faced" (Cuéntame sobre un desafío que enfrentaste).

"Describe a difficult situation at work" (Describe una situación difícil en el trabajo).

"Give me an example of a time you solved a problem" (Dame un ejemplo de una vez que resolviste un problema).

Sin estructura, empezarías a hablar del problema, luego recordarías algo que hizo tu jefe, luego volverías a decir por qué era difícil... y el reclutador se perdería. Con STAR, tu respuesta fluye como el agua.

EJEMPLOS REALES: DE LA TEORÍA A LA PRÁCTICA

Vamos a ver cómo se construye una respuesta ganadora usando STAR. Imagina que eres un Project Manager y te preguntan sobre un desafío.

Ejemplo 1: Superando un desafío de tiempo

Pregunta en inglés: "Tell me about a time you had to work under a tight deadline."

(Traducción: Cuéntame de una vez que tuviste que trabajar con un plazo de entrega muy ajustado).

Respuesta modelo (STAR):

(Situation): "In my last job at ABC Tech, we were developing a new app. Two weeks before the launch, our lead developer got sick."

(Traducción: En mi último trabajo en ABC Tech, estábamos desarrollando una nueva app. Dos semanas antes del lanzamiento, nuestro desarrollador principal se enfermó).

. . .

(Task): "The goal was to launch the app on time without bugs, but we were missing our most important team member."

(Traducción: El objetivo era lanzar la app a tiempo y sin errores, pero nos faltaba el miembro más importante del equipo).

(Action): "I decided to reorganize the tasks. I identified the most critical features and focused the rest of the team on them. Also, I communicated the situation to the client immediately to manage expectations and I worked extra hours to coordinate the final testing."

(Traducción: Decidí reorganizar las tareas. Identifiqué las funciones más críticas y enfoqué al resto del equipo en ellas. Además, comuniqué la situación al cliente de inmediato para manejar las expectativas y trabajé horas extra para coordinar las pruebas finales).

(Result): "As a result, we launched the app on the original date. The client was very happy, and the app received great reviews in the first week."

(Traducción: Como resultado, lanzamos la app en la fecha original. El cliente quedó muy contento y la app recibió excelentes críticas en la primera semana).

¿Por qué esta respuesta funciona?

Es clara. No usa palabras difíciles.

Sigue el orden lógico.

El candidato se posiciona como alguien que toma la iniciativa ("I decided to...", "I identified...").

Termina con un resultado positivo y concreto.

COMPARATIVA: RESPUESTA DÉBIL VS. RESPUESTA ESTRUCTURADA (EL "ANTES Y DESPUÉS")

Para que veas la diferencia que hace la estructura, mira estos dos ejemplos de un candidato que responde a la pregunta: "Tell me about a conflict with a colleague" (Cuéntame de un conflicto con un colega).

⬤ Opción A: Sin estructura (Respuesta débil)

"Well, I had a problem with a coworker named John. He was always late with his reports. It was very annoying because I couldn't finish my work. I talked to him and I told him it was bad for the team. In the end, he started doing it better, but it was a difficult time for me. I don't like conflicts, but sometimes they happen."

Análisis de SpeakFluenti: Esta respuesta es vaga. No explica qué hizo exactamente el candidato para solucionar el problema de forma profesional. Suena más a una queja que a una solución. El final es débil.

⬤ Opción B: Con estructura STAR (Respuesta fuerte)

(S): "In my previous role, I worked with a colleague who consistently delivered his data reports late."

(T): "This delayed my own analysis and affected our weekly team goals. I needed to find a way to help him improve his timing."

(A): "I scheduled a private meeting with him to understand the issue. I discovered he was struggling with a new software. I showed him a few shortcuts and we agreed on a new internal deadline one day before the real one."

(R): "After that, he never missed a deadline again. Our team efficiency improved, and our professional relationship became much stronger."

• • •

Análisis de SpeakFluenti: ¡Qué diferencia! Aquí el candidato suena como un líder. No se quejó; analizó el problema (struggling with software), ofreció una solución (showed him shortcuts) y obtuvo un resultado que benefició a toda la empresa. ¡Esto es lo que los reclutadores aman!

CÓMO SONAR NATURAL Y NO COMO UN ROBOT

Uno de los mayores miedos de los lectores es: "Si sigo una estructura, ¿no voy a sonar como si estuviera leyendo un guion?".

La respuesta es no, siempre y cuando no intentes memorizar cada palabra. El objetivo de este método es que memorices los puntos clave de tu historia, no las frases exactas.

Trucos para sonar natural:

Usa conectores: Son palabras que ayudan a pasar de una fase a otra. (Veremos una lista más abajo).

Varía tu tono: No hables de forma plana. Pon un poco de emoción cuando hables del problema y suena orgulloso cuando hables del resultado.

Haz pausas: No intentes decir todo de un tirón por miedo a que se te olvide. Haz una pausa breve después de cada sección del STAR. Eso le da tiempo al reclutador para procesar la información.

Acepta las imperfecciones: Si te equivocas en una palabra o en un tiempo verbal, no pasa nada. Sigue adelante con tu estructura. Lo importante es que el mensaje llegue.

TU CAJA DE HERRAMIENTAS: FRASES ÚTILES PARA CADA ETAPA

Para ayudarte a "conectar" las partes de tu respuesta, aquí tienes una lista de frases sencillas que puedes usar. Estas frases actúan como señales de tráfico para el reclutador, indicándole en qué parte de la historia estás.

. . .

⬤ Para la Situación (Setting the scene)

"At that time, I was working as a..." (En ese momento, estaba trabajando como...).

"In my previous role at [Company]..." (En mi puesto anterior en [Empresa]...).

"This happened when we were..." (Esto sucedió cuando estábamos...).

⬤ Para la Tarea (The challenge)

"The main problem was..." (El problema principal era...).

"My responsibility was to..." (Mi responsabilidad era...).

"The goal was to..." (El objetivo era...).

"We were facing a difficult situation because..." (Estábamos enfrentando una situación difícil porque...).

⬤ Para la Acción (What you did)

"I decided to take the initiative and..." (Decidí tomar la iniciativa y...).

"To solve this, I..." (Para resolver esto, yo...).

"I worked closely with the team to..." (Trabajé de cerca con el equipo para...).

"First, I analyzed the situation, and then I..." (Primero, analicé la situación y luego...).

. . .

⬤ **Para el Resultado (The happy ending)**
  "As a result..." (Como resultado...).

"In the end, we achieved..." (Al final, logramos...).

"This helped the company to save/earn..." (Esto ayudó a la empresa a ahorrar/ganar...).

"I learned that..." (Aprendí que...).

ERRORES COMUNES QUE DEBES EVITAR AL USAR ESTE MÉTODO

Aunque el método STAR es sencillo, hay algunas trampas en las que es fácil caer:

El "Síndrome del Nosotros": Muchos hispanohablantes somos humildes y decimos "We did this" (Nosotros hicimos esto). Error. El reclutador no quiere contratar a tu equipo anterior. Usa el "I" (Yo) para tus acciones. Puedes mencionar al equipo en la situación, pero en la acción, enfócate en lo que TÚ hiciste.

Perderse en los detalles técnicos: Si eres ingeniero, no expliques cada línea de código. El reclutador de recursos humanos puede no entenderlo. Enfócate en la lógica del negocio y en el resultado humano o económico.

Olvidar el Resultado: Es increíble la cantidad de gente que cuenta una historia genial y se detiene justo antes del final. No dejes al reclutador con la duda. Siempre, siempre termina con el impacto positivo.

No practicar en voz alta: La estructura se siente fácil en la cabeza, pero es difícil en la boca. Tienes que "entrenar" a tus músculos faciales a decir estas frases.

REFERENCIAS DE AUDIO Y PRÁCTICA

En SpeakFluenti sabemos que el oído es el mejor maestro. Te recomendamos buscar en nuestra plataforma los audios de este capítulo:

Audio 3.1: Escuchando el STAR en acción. Verás cómo diferentes profesionales usan los conectores para saltar de la Situación a la Acción.

Audio 3.2: Práctica de repetición. Escucha una frase de la "Caja de herramientas" y repítela imitando la entonación. Hazlo mientras caminas, mientras cocinas o mientras conduces. El objetivo es que estas frases se vuelvan automáticas.

CONCLUSIÓN: TIENES EL CONTROL

Felicidades. Ahora ya no solo sabes qué te van a preguntar, sino que tienes la fórmula para organizar tus pensamientos.

La estructura no es una cárcel; es una red de seguridad. Te permite ser libre para expresarte porque sabes que no te vas a caer. Al principio puede parecer un poco forzado, pero te prometo que, con un poco de práctica, el método STAR se convertirá en tu forma natural de hablar sobre tu carrera.

¿Sientes que ya tienes un poco más de orden en tu cabeza? ¡Espero que sí!

Pero tener la estructura es solo una parte. Ahora necesitamos llenarla con el contenido adecuado. En el próximo capítulo, vamos a trabajar con el vocabulario de impacto. Vamos a ver qué palabras y expresiones específicas te harán sonar como el profesional de alto nivel que las empresas internacionales están buscando.

¿Estás listo para darle potencia a tus respuestas? ¡Vamos al Capítulo 4!

EJERCICIOS DEL CAPITULO 3

¡Es momento de poner a trabajar tu estructura! Recuerda que el objetivo no es sonar como un robot que recita un guion, sino tener un mapa mental para no perderte. Estos ejercicios te ayudarán a convertir el método STAR en un hábito natural.

Ejercicio 1: Identificando la estructura

Objetivo: Entrenar tu ojo (y tu cerebro) para reconocer las partes de una respuesta ganadora.

Instrucciones: Lee esta respuesta en inglés sobre un problema resuelto en el trabajo. Identifica qué frase corresponde a la Situación (S), cuál a la Tarea (T), cuál a la Acción (A) y cuál al Resultado (R).

"Last year, our team was losing clients because of slow response times. I needed to find a way to speed up our communication. I implemented a new automated email system and trained my colleagues to use it. As a result, our response time improved by 50% and client satisfaction increased."

Situación: ____

Tarea: ____

Acción: ____

Resultado: ____

Ejercicio 2: El mapa de tu historia (en español)
    Objetivo: Organizar tus ideas sin la presión del idioma todavía.

Instrucciones: Piensa en un logro profesional o un desafío que superaste. Antes de intentar decirlo en inglés, asegúrate de que la historia tenga sentido. Completa los siguientes puntos en español:

¿Dónde y cuándo pasó? (Situación): ___________________________________

¿Cuál era el problema o qué se esperaba de ti? (Tarea): ___________________

¿Qué pasos exactos diste TÚ para solucionarlo? (Acción): ___________________

¿Qué pasó al final? Usa un dato o beneficio claro (Resultado): ________________

Ejercicio 3: De la idea al inglés
    Objetivo: Traducir tu estructura a un inglés sencillo, claro y directo.

Instrucciones: Toma la historia que escribiste en el ejercicio anterior y pásala al inglés.
    Regla de oro de SpeakFluenti: No intentes usar palabras elegantes. Usa frases cortas (Sujeto + Verbo + Complemento).

(S): In my previous job... ____

(T): The goal was to... ____

(A): I decided to... ____

(R): In the end... ____

Ejercicio 4: Practicando con "Power Phrases"
    Objetivo: Ganar fluidez usando los conectores que aprendimos en el capítulo.

Instrucciones: Completa estas frases iniciales con información real de tu carrera. Luego, léelas en voz alta con seguridad.

Para empezar (Situation): "While I was working at [Nombre de empresa], we had a situation   where..."

____

Para el reto (Task): "My main responsibility in that moment was to..."

____

Para tu valor (Action): "To solve this, I took the initiative to..."

____

Para el éxito (Result): "This helped the company to..."

____

Ejercicio 5: El gran ensayo (Simulación grabada)
    Objetivo: Unir estructura, contenido y voz.

Instrucciones: Elige una de las siguientes preguntas y responde usando el método STAR.
Reto: Grábate con tu teléfono, escucha la grabación y marca en una lista si lograste incluir las 4 partes de la estructura.

Question A: "Tell me about a challenge you faced at work."

Question B: "Describe a time you solved a difficult problem."

Question C: "Tell me about a professional achievement you are proud of."

Autoevaluación:

( ) ¿Expliqué el contexto brevemente? (S)

( ) ¿Mencioné cuál era el objetivo? (T)

( ) ¿Dije claramente lo que hice YO (usando "I")? (A)

( ) ¿Terminé con un resultado positivo? (R)

¡Excelente! Has terminado las prácticas del Capítulo 3. Si sientes que todavía te falta vocabulario para que tus acciones suenen más "potentes", no te preocupes. Precisamente de eso trata nuestro próximo paso.

¿Estás listo para aprender las palabras que usan los líderes en las entrevistas? ¡Nos vemos en el Capítulo 4!

CAPÍTULO 4
CÓMO RESPONDER PREGUNTAS DIFÍCILES CON SEGURIDAD

¡HOLA DE NUEVO!

Qué alegría saludarte. Si has llegado hasta aquí, ya tienes en tu cinturón de herramientas dos cosas fundamentales: conoces el "mapa" de la entrevista (Capítulo 2) y tienes el "GPS" para no perderte, que es el método STAR (Capítulo 3).

. . .

Ahora, vamos a entrar en lo que yo llamo la "Zona Caliente". Vamos a hablar de esas preguntas que, cuando las escuchas, hacen que las palmas de tus manos suden un poco más de lo normal. Esas preguntas que no tratan sobre cuánto sabes de Excel o de programación, sino que tratan sobre ti.

Hablo de las famosas preguntas sobre tus debilidades, tus errores, tus mayores logros o esa pregunta que suena tan sencilla pero es tan compleja: "¿Por qué deberíamos contratarte a ti y no a otro?".

En SpeakFluenti, sabemos que estas preguntas no son difíciles porque el inglés sea complicado; son difíciles porque nos hacen sentir expuestos. Nos da miedo sonar arrogantes si hablamos bien de nosotros, o sonar débiles si admitimos un error. Y si a eso le sumas que tienes que explicarlo en un idioma que no es el tuyo... ¡es normal sentir nervios!

Pero respira hondo. En este capítulo vamos a desarmar estas preguntas una por una. Te voy a enseñar qué es lo que el reclutador quiere escuchar de verdad (pista: no es la perfección) y cómo puedes usar tu honestidad como tu mayor ventaja competitiva. Al terminar estas páginas, te sentirás mucho más tranquilo, porque entenderás que una pregunta difícil es, en realidad, una oportunidad de oro para demostrar tu madurez profesional.

¿POR QUÉ ESTAS PREGUNTAS SE SIENTEN COMO UNA "TRAMPA"?

Seguramente te has preguntado: "¿Por qué me preguntan en qué soy malo si lo que quieren es contratarme?" o "¿Para qué quieren que les cuente un fracaso?".

Estas preguntas se sienten difíciles por tres razones principales:

● **Exposición emocional:** Nos obligan a salir del guion técnico y hablar de nuestra personalidad y ética de trabajo.

· · ·

⬤ **Miedo a la "respuesta incorrecta":** Pensamos que hay una sola respuesta mágica y que, si no la decimos, estamos fuera.

⬤ **Dificultad lingüística:** Explicar matices de personalidad o lecciones de vida requiere un vocabulario un poco más sutil que simplemente decir "I use Java" o "I manage a team".

⬤ **Quiero que te quites una idea de la cabeza ahora mismo:** El reclutador no está intentando que falles. No son "preguntas trampa". Son preguntas de evaluación de Inteligencia Emocional. Lo que buscan es ver tu capacidad de autocrítica, tu honestidad y, sobre todo, cómo te recuperas de los momentos difíciles.

En un equipo internacional y remoto, la comunicación y la confianza son los pilares. Si puedes hablar con honestidad de tus debilidades en una entrevista, el reclutador sentirá que podrá confiar en ti cuando haya problemas reales en el trabajo.

LO QUE EL RECLUTADOR BUSCA (LA VERDAD DETRÁS DEL ESCRITORIO)

Cuando un reclutador te lanza una pregunta difícil, está evaluando una lista de "habilidades blandas" o soft skills. Aquí te detallo las más importantes:

⬤ **Self-awareness (Autoconocimiento):** ¿Sabes realmente en qué eres bueno y en qué necesitas mejorar?

⬤ **Honesty (Honestidad):** ¿Eres una persona transparente o intentas ocultar tus fallos?

⬤ **Problem-solving (Resolución de problemas):** Ante un error, ¿buscas culpables o buscas soluciones?

⬤ **Growth Mindset (Mentalidad de crecimiento):** ¿Ves los desafíos como una oportunidad para aprender?

· · ·

Recuerda: El reclutador prefiere contratar a alguien con un inglés intermedio y mucha madurez profesional, que a alguien con un inglés perfecto que no sabe admitir un error.

CÓMO HABLAR DE TUS FORTALEZAS SIN SONAR ARROGANTE

Hablar bien de uno mismo es difícil para muchos hispanohablantes porque nuestra cultura valora mucho la humildad. Sin embargo, en una entrevista en inglés (especialmente en culturas como la de Estados Unidos o el Reino Unido), se espera que seas directo y claro sobre tus capacidades.

La clave para no sonar arrogante es el respaldo con evidencia. No digas simplemente "Soy el mejor", di "Soy bueno en esto porque logré aquello".

La pregunta:
1. English: *"What is your greatest strength?"*
2. Spanish: *¿Cuál es tu mayor fortaleza?*

ESTRATEGIA PARA UNA RESPUESTA GANADORA:

Elige una fortaleza que sea útil para ese puesto específico.

Usa el método STAR para dar un ejemplo rápido.

No elijas una lista de 10 cosas; enfócate en una o dos y explícalas bien.

Fortalezas recomendadas para entrevistas internacionales:

- **Adaptability (Adaptabilidad):** Fundamental para equipos remotos y empresas que cambian rápido.

· · ·

● **Organization (Organización):** Muy valorada si trabajas con diferentes zonas horarias.

● **Communication (Comunicación):** Especialmente importante si el inglés no es tu primer idioma.

● **Problem-solving (Resolución de problemas):** La habilidad favorita de todos los jefes.

Modelo de respuesta:

"I believe my greatest strength is my adaptability. In my previous job, the company changed our project management software suddenly. I took the initiative to learn the new tool in one weekend and then I helped my team to transition without losing productivity. I enjoy learning new things and adjusting to new environments."

Análisis de Speak Fluenti: Esta respuesta funciona porque es específica. No solo dice "soy adaptable", sino que cuenta una historia donde esa adaptabilidad salvó la productividad del equipo.

EL GRAN DESAFÍO: ¿CÓMO HABLAR DE TUS DEBILIDADES?

Aquí es donde la mayoría de la gente entra en pánico. Algunos cometen el error de decir: "No tengo debilidades" (lo cual suena a mentira o a falta de autocrítica) o dicen algo que en realidad es una fortaleza disfrazada: "Soy demasiado perfeccionista" o "Trabajo demasiado duro".

¡Cuidado! Los reclutadores escuchan esas frases diez veces al día y ya no les gustan. Suenan falsas.

La pregunta:
1. English: *"What is your greatest weakness?"*
2. Spanish: *¿Cuál es tu mayor debilidad?*

. . .

La fórmula "Honestidad + Acción":

La mejor forma de responder es elegir una debilidad real pero manejable, y explicar inmediatamente qué estás haciendo para mejorarla.

● **Menciona la debilidad:** Algo que no sea vital para el puesto (por ejemplo, si eres contador, no digas que eres malo con los números).

● **Da contexto:** Explica cómo te ha afectado.

● **Muestra la solución:** Qué pasos estás dando para corregirlo.

Modelo de respuesta (Ejemplo: Hablar en público):

"One area I've been working on is public speaking. In the past, I felt nervous when presenting my results to large groups. To improve this, I joined an online presentation workshop and I started volunteering to lead small internal meetings. I'm still working on it, but I feel much more confident now than I did a year ago."

Análisis de SpeakFluenti: Esta respuesta es perfecta. Es honesta, muestra que eres proactivo y que tienes la humildad de admitir que sigues aprendiendo. Al reclutador le encanta ver que eres alguien que se "auto-entrena".

HABLANDO DE TUS LOGROS (TU MOMENTO DE BRILLAR)

A veces nos preguntan: "What achievement are you most proud of?". Aquí el error es ser demasiado vago. Decir "Ayudé a mi empresa a crecer" no dice nada. Tienes que ser específico.

Modelo de respuesta:

"One achievement I'm very proud of happened last year. I noticed that our client onboarding process was taking too long—about five days. I redesigned the welcome email and the documentation checklist. As a result, we reduced the time to two days, and our client satisfaction scores increased by 20%."

. . .

¿Por qué funciona? Porque usa números (5 días a 2 días, 20% de incremento). Los números son un lenguaje universal que todos los reclutadores entienden, sin importar su acento.

¿Y QUÉ PASA SI ME PREGUNTAN POR UN ERROR O FRACASO?

"Tell me about a time you made a mistake" (Cuéntame sobre una vez que cometiste un error).

El reclutador no quiere juzgarte por el error. ¡Todos cometemos errores! Lo que quiere ver es si tienes la madurez de admitirlo y si aprendiste algo.

Estructura para esta respuesta:

- **El error:** Breve y directo. No busques excusas.
- **La responsabilidad:** Di "I made a mistake" o "It was my responsibility". Esto demuestra liderazgo.
- **La corrección:** ¿Qué hiciste para arreglarlo en ese momento?
- **La lección:** ¿Qué haces ahora para que no vuelva a pasar?

Modelo de respuesta:

"In my first year as a manager, I once miscalculated the budget for a project. When I realized the mistake, I immediately informed my director and presented a plan to cut costs in other areas to balance the budget. We finished the project on time and within the new budget. Since then, I always double-check my calculations with a colleague to ensure accuracy."

LAS PREGUNTAS DE "CIERRE": ¿POR QUÉ TÚ?

Estas son las preguntas donde tienes que unir todos los puntos:

"Why do you want this job?" (¿Por qué quieres este trabajo?)

"Why should we hire you?" (¿Por qué deberíamos contratarte?)

. . .

Aquí, la respuesta no debe ser sobre lo que la empresa puede hacer por ti (buen sueldo, beneficios), sino sobre lo que tú puedes hacer por la empresa.

Modelo de respuesta ("Why should we hire you?"):

"You should hire me because I have the technical skills you are looking for in data analysis, but also because I have extensive experience working with multicultural teams. I understand how to communicate effectively in a remote environment, and I am ready to contribute to your company's goals from day one."

ERRORES COMUNES QUE DEBES EVITAR

Para que tu preparación sea impecable, evita estos tropiezos:

● **Hablar demasiado (Rambling):** Si la pregunta es difícil, a veces hablamos de más por los nervios. Mantente fiel a tu estructura STAR.

● **Ser demasiado negativo:** Nunca culpes a otros por tus errores o debilidades. Toma la responsabilidad.

● **Sonar como un robot:** No memorices la respuesta palabra por palabra. Memoriza los "puntos clave" y deja que las palabras salgan de forma natural. (Revisa los audios para practicar el ritmo).

● **Ser genérico:** Decir "I am a hard worker" no sirve. Todos los candidatos dicen lo mismo. Sé específico.

TU BANCO DE FRASES DE PODER (PHRASE BANK)

Aquí tienes frases que puedes copiar y adaptar. Son frases que te hacen sonar profesional y seguro.

· · ·

Para fortalezas:

"One of my main strengths is my ability to..." (Una de mis principales fortalezas es mi capacidad para...).

"I pride myself on my..." (Me enorgullezco de mi...).

"I've always been good at..." (Siempre he sido bueno en...).

Para debilidades:

"An area where I've seen room for improvement is..." (Un área donde he visto espacio para mejorar es...).

"In the past, I struggled with..., but now I..." (En el pasado, me costaba..., pero ahora yo...).

"I am currently focusing on improving my..." (Actualmente me estoy enfocando en mejorar mi...).

Para logros y errores:

"Looking back at that experience, I realized that..." (Mirando hacia atrás a esa experiencia, me di cuenta de que...).

"The key lesson I learned was..." (La lección clave que aprendí fue...).

"This resulted in a [X]% increase in..." (Esto resultó en un incremento del [X]% en...).

CONCLUSIÓN: LA CONFIANZA NACE DE LA PREPARACIÓN

Como has visto, las preguntas difíciles no son muros insuperables. Son puentes. Si te preparas con honestidad, eliges buenos ejemplos y practicas la estructura, te aseguro que serás el candidato que el reclutador recordará al final del día.

La confianza no significa tener un inglés perfecto. La confianza significa saber que, aunque te equivoques en una preposición o en un tiempo verbal, tu valor profesional y tu capacidad de aprendizaje son lo que realmente importa.

¿QUÉ SIGUE?

Ya hemos cubierto la estructura, las preguntas comunes y las preguntas difíciles. Tienes una base muy sólida. Pero para pasar de ser un "buen candidato" a ser el "candidato ideal", necesitamos pulir el lenguaje.

· · ·

En el Capítulo 5, vamos a trabajar en el Vocabulario de Alto Impacto. Vamos a dejar atrás las palabras básicas y vamos a aprender los términos y expresiones que usan los líderes en las empresas internacionales. Vamos a darle a tu inglés ese toque profesional y sofisticado que te hará destacar en cualquier mercado global.

¿Estás listo para elevar tu nivel de lenguaje? ¡Vamos al siguiente paso!

EJERCICIOS DEL CAPITULO 4

¡LLEGÓ EL MOMENTO DE LA VERDAD!

Responder preguntas sobre nosotros mismos es un arte que se perfecciona con la práctica. Estos ejercicios están diseñados para que dejes de ver estas preguntas como "amenazas" y empieces a verlas como tu oportunidad de brillar.

No busques la perfección gramatical; busca la claridad y la honestidad. Escribe tus ideas primero y luego, ¡suéltate a hablar!

EJERCICIO 1: TUS FORTALEZAS PROFESIONALES

Objetivo: Aprender a vender tu talento con pruebas, no solo con palabras.

Instrucciones: Selecciona tres fortalezas que realmente te representen y que sean útiles para el puesto que buscas. Para cada una, añade un ejemplo real de cuándo la usaste.

Fortaleza 1: _______________ Ejemplo: _________________________________

¿Cómo ayuda esto a la empresa? ____

Fortaleza 2: _______________ Ejemplo: _________________________________

¿Cómo ayuda esto a la empresa? ____

Fortaleza 3: _______________ Ejemplo: _________________________________

¿Cómo ayuda esto a la empresa? _______________________________________

EJERCICIO 2: LA "DEBILIDAD INTELIGENTE"

Objetivo: Mostrar madurez y capacidad de mejora ante el reclutador.

   Instrucciones: Elige una debilidad real (que no sea crítica para el puesto).

   Sigue la estructura que aprendimos para convertirla en una respuesta profesional.

¿Cuál es la debilidad?: _______________________________________

¿Cómo te afectaba en el pasado?: _______________________________________

¿Qué estás haciendo hoy para mejorarla? (Acción concreta): _______________

Ejemplo: *"I am taking a course on..." o "I started using a tool to..."*

EJERCICIO 3: TU MAYOR LOGRO PROFESIONAL

Objetivo: Practicar la descripción de éxitos usando resultados medibles.

   Instrucciones:

   Piensa en un proyecto o momento donde te sentiste orgulloso de tu trabajo.

   Organiza la historia y luego intenta escribir un resumen de 3 líneas en inglés.

¿Qué pasó? (Situación / Reto): _______________________________________

¿Qué hiciste tú? (Acción): _______________________________________

¿Qué lograste? (Resultado / Cifras): _______________________________________

Tu respuesta en inglés: _______________________________________

EJERCICIO 4: LECCIONES DE UN ERROR

Objetivo: Demostrar honestidad y resiliencia ante situaciones negativas.

   Instrucciones: Todos cometemos errores. Lo importante es qué hiciste después.

   Reflexiona sobre una situación difícil y responde:

¿Cuál fue el error o problema?: _______________________________________

¿Qué aprendiste de esa experiencia?: _______________________________________

¿Qué haces diferente ahora para que no se repita?: _______________________________

EJERCICIO 5: SIMULACRO DE "PREGUNTAS DE FUEGO"

Objetivo: Ganar fluidez y naturalidad bajo presión.

Instrucciones: Lee estas 5 preguntas en voz alta.

Responde cada una usando las notas que tomaste en los ejercicios anteriores.

🔘 **El Reto Speak Fluenti:**

Grábate con tu móvil respondiendo estas 5 preguntas seguidas.

No te detengas si te equivocas; sigue adelante.

Al finalizar, escucha la grabación y fíjate en tu tono de voz: ¿suenas seguro/a?

"What are your greatest strengths?"

"What is your greatest weakness?"

"Tell me about a professional achievement you are proud of."

"Tell me about a time you made a mistake. What did you do?"

"Why should we hire you instead of other candidates?"

¡Excelente trabajo! Has completado la parte más "emocional" de la preparación. Ya no eres un candidato que tiene miedo a las preguntas difíciles; eres un profesional que conoce su valor y sabe cómo explicar sus áreas de mejora.

¿Qué sigue? Ahora que ya tienes el contenido y la estructura, vamos a darle "brillo" a tu inglés. En el Capítulo 5, aprenderemos vocabulario de alto impacto para que tus respuestas no solo sean correctas, sino que suenen sofisticadas y profesionales. ¡Vamos a subir de nivel!

CAPÍTULO 5

VOCABULARIO Y FRASES CLAVE PARA SONAR MÁS PROFESIONAL EN INGLÉS¡

HELLO!

Si has llegado hasta aquí, ya tienes los cimientos de tu casa construidos: conoces el mapa de la entrevista y tienes una estructura (el método STAR) para que tus historias no se desmoronen. Pero ahora, vamos a hacer algo muy especial: vamos a decorar esa casa.

Vamos a darle ese acabado profesional que hará que el reclutador piense: "Este candidato realmente sabe de lo que habla".En Speak Fluenti, vemos el vocabulario no como una lista de palabras aburridas que debes memorizar, sino como una caja de herramientas de impacto.

Seguramente te ha pasado esto: tienes una idea brillante en español, pero cuando intentas decirla en inglés, terminas usando palabras muy básicas como "good", "do" o "work". Sientes que tu "yo" profesional en inglés suena mucho más joven o menos experimentado que tu "yo" real. No te preocupes, es algo totalmente normal para quienes aprendemos un segundo idioma.

En este capítulo, vamos a romper esa barrera. No te voy a pedir que aprendas palabras rebuscadas que nadie usa. Vamos a aprender el lenguaje real de los negocios: esas palabras y expresiones que los reclutadores de Google, Amazon o cualquier startup internacional escuchan y valoran. Al terminar este capítulo, te sentirás mucho más capaz de expresar tu experiencia con precisión y sonarás como el experto que ya eres.

POR QUÉ EL VOCABULARIO ES TU MEJOR ALIADO (Y NO TU ENEMIGO)

A veces pensamos que el vocabulario solo sirve para "lucirse". Pero en una entrevista, el vocabulario tiene una función mucho más práctica: **la precisión.**

Cuando usas la palabra adecuada, ahorras tiempo y evitas confusiones.

Por ejemplo, no es lo mismo decir:

"I talked to my team" (Hablé con mi equipo) que *"I coordinated my team"* (Coordiné a mi equipo).

La segunda opción le dice al reclutador exactamente cuál era tu rol y tu nivel de responsabilidad.

¿Qué ganas al mejorar tu vocabulario?

● **Claridad:** El reclutador entiende exactamente qué hiciste sin tener que hacerte tres preguntas de seguimiento.

● **Credibilidad:** El lenguaje profesional genera confianza. Suenas como alguien que ya está acostumbrado al entorno corporativo internacional.

● **Confianza personal:** Cuando sabes que tienes las palabras correctas, dejas de dudar y tu voz suena más firme.

● **Eficiencia:** Dices más con menos palabras. Esto es clave en entrevistas donde el tiempo es oro.

Recuerda siempre el mantra de SpeakFluenti: El objetivo no es la perfección gramatical, es la comunicación efectiva. Un error de vez en cuando en un verbo no te quitará el puesto, pero la incapacidad de explicar tus logros de forma clara sí podría hacerlo.

EL SALTO DE CALIDAD: DE INGLÉS BÁSICO A INGLÉS PROFESIONAL

Para empezar, quiero mostrarte lo fácil que es transformar una respuesta sencilla en una respuesta de alto impacto simplemente cambiando un par de palabras. A esto le llamamos "Upgrading your English".

Mira este ejemplo:

Respuesta Básica: "I was the boss of a small team and we did many projects together. We worked hard and the clients liked the results."

Respuesta Speak Fluenti: "I managed a small team and we executed several high-impact projects. We collaborated effectively to meet deadlines, and we delivered results that exceeded client expectations."

¿Qué cambió? Analicemos las diferencias:

En lugar de "boss", usamos managed (un verbo de acción fuerte).

En lugar de "did", usamos executed (suena mucho más profesional y orientado a resultados).

En lugar de "worked together", usamos collaborated (palabra clave en trabajo en equipo).

En lugar de "the clients liked", usamos exceeded client expectations (una frase que aman los reclutadores porque habla de calidad superior).

¿Ves? La estructura es casi la misma, pero el impacto es totalmente diferente. La segunda versión suena a alguien listo para un puesto de liderazgo. Lo mejor de todo es que estas palabras no son difíciles de aprender, solo tienes que empezar a usarlas.

VOCABULARIO CLAVE PARA DESCRIBIR TU EXPERIENCIA LABORAL

Vamos a organizar tu caja de herramientas por categorías. Así, dependiendo de lo que quieras contar, podrás elegir la herramienta adecuada.

RESPONSABILIDADES Y TAREAS DIARIAS

Cuando hables de lo que hacías en tu día a día, evita usar siempre "I had to..." o "My job was...".

Usa estas alternativas:

Palabra/Frase en InglésTraducción/Explicación

Ejemplo en Contexto

Responsible for...Responsable de...

"I was responsible for managing the monthly budget.

"Oversee Supervisar / Vigilar"

I oversaw the production process to ensure quality.

"Handle Encargarse de / Manejar"

I handle client complaints and provide solutions.

"Daily tasks Tareas diarias"

My daily tasks included data analysis and reporting.

In charge of...A cargo de...

I was in charge of the marketing campaign launch.

Tip de SpeakFluenti: Al usar "Responsible for", recuerda que la siguiente palabra suele terminar en -ing (ej. responsible for managing). Es un detalle pequeño que te hará sonar muy natural.

TRABAJO EN EQUIPO Y COLABORACIÓN

Las empresas modernas ya no buscan "lobos solitarios". Buscan personas que sepan trabajar con otros.

Collaborate with: Colaborar con.

"I collaborated with the design team to create the new website." (Es mucho mejor que decir "I worked with").

Cross-functional teams: Equipos de diferentes áreas.

"I have experience working in cross-functional teams, including sales and engineering." (Esto demuestra que puedes hablar con gente que no hace lo mismo que tú).

Support: Apoyar.

"I supported my colleagues during the transition to the new system."

Brainstorm: Lluvia de ideas.

"We used to brainstorm every Monday to find creative solutions."

RESULTADOS Y LOGROS

Esta es la parte donde "vendes" tu éxito. Aquí los verbos deben ser potentes.

Meet deadlines: Cumplir plazos.

"Even under pressure, I always meet deadlines."

Exceed goals: Superar objetivos.

"Last year, our team exceeded the sales goals by 15%."

Streamline: Optimizar / Hacer más eficiente.

"I streamlined the reporting process, saving the team 5 hours a week." (Esta palabra es "magia" para los reclutadores).

Achieve: Lograr.

"We achieved our target three months earlier than expected."

VOCABULARIO PARA DESCRIBIR TUS HABILIDADES (STRENGTHS)

Cuando te pregunten "What are your strengths?", no te quedes en el típico "I am a hard worker". Vamos a darle más profundidad.

⚫ **Comunicación y Relaciones**

Effective communicator: Comunicador eficaz. (Alguien que se hace entender bien).

Interpersonal skills: Habilidades interpersonales. (Llevarse bien con la gente).

Active listening: Escucha activa. (Entender realmente lo que el otro dice).

Negotiation: Negociación. "My negotiation skills helped the company reduce costs by 10%."

⚫ **Organización y Gestión del tiempo**

Detail-oriented: Detallista. (Alguien que no comete errores por descuido).

Time management: Gestión del tiempo. "I have excellent time management skills; I can handle multiple projects at once."

Prioritize: Priorizar. "In a fast-paced environment, I know how to prioritize urgent tasks."

Proactive: Proactivo. (Alguien que no espera a que le digan qué hacer).

⚫ Adaptabilidad y Aprendizaje

Fast learner: Alguien que aprende rápido. "I consider myself a fast learner; I mastered the new CRM in just two days."

Adaptable: Adaptable. "I am very adaptable to change and new work environments."

Problem-solver: Resolutor de problemas. "I am a natural problem-solver; I enjoy finding solutions to complex issues."

VERBOS DE ACCIÓN: EL "MOTOR" DE TU CV Y DE TUS RESPUESTAS

En inglés, los verbos de acción son los que mueven la historia hacia adelante. Cuando preparas tus respuestas con el método STAR, intenta que la parte de la A (Acción) esté llena de estos verbos.

Aquí tienes una lista de los más potentes:

Led: Lideré. (Usa esto si tuviste gente a tu cargo o guiaste un proyecto).

Developed: Desarrollé. (Para procesos, software, ideas o estrategias).

Improved: Mejoré. (El favorito de todos. Siempre que algo estaba mal y tú lo hiciste mejor).

Coordinated: Coordiné. (Ideal para logística o trabajo con muchas personas).

Implemented: Implementé. (Cuando pusiste en marcha una idea o sistema).

Organized: Organicé. (Para eventos, bases de datos o flujos de trabajo).

Reduced: Reduje. (Reducir costos, tiempos o errores es música para los oídos del jefe).

Increased: Incrementé. (Incrementar ventas, eficiencia o satisfacción).

Resolved: Resolví. (Para conflictos o problemas técnicos).

Delivered: Entregué / Cumplí. (Entregar un proyecto a tiempo o resultados específicos).

¿Por qué funcionan estos verbos? Porque son activos. No dicen "Yo estaba allí", dicen "Yo hice que esto pasara".

FRASES QUE LOS RECLUTADORES AMAN USAR (Y QUÉ SIGNIFICAN)

A veces el bloqueo no viene de no saber qué decir, sino de no entender qué nos preguntaron. Los reclutadores suelen usar frases hechas. Vamos a ver las más comunes para que no te tomen por sorpresa.

⬤ *"Can you walk me through your resume/experience?"*

Traducción: ¿Puedes hacerme un recorrido por tu experiencia?

Lo que realmente quieren: No leas tu CV. Dame un resumen de los hitos más importantes que te trajeron hasta aquí.

⬤ *"What's your take on...?"*

Traducción: ¿Cuál es tu opinión sobre...?

Lo que realmente quieren: Quieren ver tu criterio profesional y cómo analizas una situación.

● *"How do you deal with...?"*

Traducción: ¿Cómo lidias con...?

Lo que realmente quieren: Buscan ejemplos de tu comportamiento bajo estrés o ante un conflicto.

● *"Where do you see yourself fitting in?"*

Traducción: ¿Dónde crees que encajas?

Lo que realmente quieren: Quieren saber si entiendes el rol y cómo tus habilidades van a ayudar al equipo actual.

● *"Could you elaborate on that?"*

Traducción: ¿Podrías dar más detalles sobre eso?

Lo que realmente quieren: Les interesó algo que dijiste pero fuiste muy breve.

¡Es tu oportunidad de usar el método STAR con más detalle!

TU "KIT DE SUPERVIVENCIA": FRASES PARA EL CANDIDATO

Ahora, vamos a armar tu propio guion con frases que puedes usar en cualquier momento de la entrevista. Estas frases te dan estructura y te hacen sonar muy fluido.

A. Para empezar una respuesta (Introduction)

"I'd say that my career has been focused on..." (Yo diría que mi carrera se ha centrado en...).

"That's a very interesting question. To give you some context..." (Es una pregunta muy interesante. Para darte algo de contexto...).

"In my previous role at [Company], I faced a similar situation..." (En mi puesto anterior en [Empresa], enfrenté una situación similar...).

B. Para ganar tiempo para pensar (The "Thinking Gap")

¡Esto es un secreto profesional! Si necesitas dos segundos para organizar tus ideas, no te quedes en silencio haciendo "Ehhhh...".

Usa estas frases:

"That's a great question. Let me think for a second."

"Let me see how to put this into words..."

"I want to make sure I give you a good example, so let me reflect for a moment."

Esto suena mil veces más profesional que el silencio o los sonidos de duda. Muestra que eres una persona reflexiva.

C. Para explicar resultados (Impact)

"The final outcome was..." (El resultado final fue...).

"Thanks to this initiative, we were able to..." (Gracias a esta iniciativa, pudimos...).

"This led to a significant improvement in..." (Esto llevó a una mejora significativa en...).

D. Para cerrar una respuesta (Closing)

"...and that's why I believe I'm a good fit for this role." (...y por eso creo que soy una buena opción para este puesto).

"This experience taught me the importance of..." (Esta experiencia me enseñó la importancia de...).

"I'm eager to bring this same level of commitment to your team." (Estoy ansioso por aportar este mismo nivel de compromiso a su equipo).

LOS "FALSOS AMIGOS" Y ERRORES COMUNES DE LOS HISPANOHABLANTES

Aquí es donde muchos caemos en la trampa. Hay palabras en inglés que se parecen al español pero significan algo totalmente distinto. En Speak Fluenti les llamamos *"Falsos Amigos"*. Evitarlos te hará sonar mucho más nativo y profesional.

- **Actually:** NO significa "Actualmente". Significa "De hecho" o "En realidad".

Para decir actualmente usa: Currently o At the moment.

- **Assist:** No suele usarse para "asistir a una reunión". Significa "Ayudar".

Para decir asistir a una reunión usa: Attend. ("I attended the meeting").

- **Career:** No es "Carrera universitaria". Es tu "Trayectoria profesional".

Para decir carrera universitaria usa: Degree o Major.

- **Realize:** No es "Realizar" (como hacer una tarea). Significa "Darse cuenta".

Para decir realizar una tarea usa: Carry out, Perform o Do.

- **Success:** No es un "Suceso" (evento). Significa "Éxito".

Para decir suceso usa: Event o Incident.

Otros errores típicos:

- **Traducir "Tener experiencia":**

En español decimos "Tengo 5 años de experiencia". En inglés es más natural decir "I have 5 years of experience" o "I've been working in this field for 5 years".

- **El uso de "Very":**

No abuses de "very". En lugar de "very good", usa "excellent" o "outstanding". En lugar de "very important", usa "crucial" o "essential".

CÓMO CREAR TU PROPIO "BANCO DE VOCABULARIO" PERSONAL

Cada profesión tiene su propio lenguaje técnico (jargon). Un programador necesita palabras como "deploy" o "debug", mientras que un vendedor necesita "leads" o "conversion rates".

En Speak Fluenti te recomendamos este ejercicio:

Busca 3 descripciones de puestos (Job Descriptions) similares al que quieres en LinkedIn (en inglés).

Subraya los verbos y adjetivos que más se repitan.Esa es la "lista sagrada" de tu industria. Asegúrate de incluir esas palabras en tus respuestas. Si la descripción dice que buscan a alguien "Self-motivated", asegúrate de usar esa palabra exacta cuando hables de ti.

LA CLAVE ES LA REPETICIÓN (MUSCLE MEMORY)

Saber estas palabras no es suficiente; tienes que "sentirlas" en tu boca. El inglés tiene sonidos distintos al español, y tu mandíbula necesita entrenar.

Tu plan de acción:

Grábate: Elige tres palabras nuevas de este capítulo e intenta incluirlas en una respuesta corta.

Escúchate. ¿Suena natural? Si no, repite.

CONCLUSIÓN: ESTÁS LISTO PARA EL SIGUIENTE NIVEL

Felicidades. Has completado el Capítulo 5. Ahora no solo tienes historias que contar y una estructura para hacerlo, sino que tienes el brillo profesional necesario para destacar.Has aprendido que no necesitas palabras complejas, sino palabras precisas. Has descubierto cómo transformar frases básicas en declaraciones de impacto y cómo evitar los errores que delatan a un principiante.¿Sientes que tu inglés ahora tiene más "peso" profesional? ¡Esa es la idea! Pero todavía nos falta una pieza del rompecabezas. Una entrevista no es solo lo que dices, sino cómo lo dices y dónde lo dices.

En el Capítulo 6, vamos a entrar en el mundo de las Entrevistas Remotas y la Comunicación No Verbal. Vamos a ver cómo dominar la cámara, cómo usar tus manos para enfatizar tus puntos y cómo asegurarte de que tu conexión (técnica y humana) sea perfecta a través de la pantalla.

¡El éxito está cada vez más cerca! Nos vemos en el próximo capítulo.

EJERCICIOS DEL CAPITULO 5

¡ES HORA DE PONER A PRUEBA TUS NUEVAS HERRAMIENTAS!

No se trata de memorizar un diccionario, sino de aprender a usar las palabras que te hacen sonar como el experto que ya eres. Escribe primero tus respuestas y luego dilo en voz alta. La confianza se construye con la repetición.

EJERCICIO 1: MI BANCO DE VOCABULARIO PROFESIONAL

Objetivo: Crear una lista personalizada que se adapte a tu carrera y sector.

Instrucciones: Completa esta tabla con 4 términos o frases técnicas que uses frecuentemente en tu trabajo real. Busca su traducción profesional y escribe una frase corta de ejemplo.

Término en español

Traducción profesional (Inglés)

Ejemplo de uso (Frase completa)

Ejemplo:

Presupuesto: Budget

"I managed the annual budget for my department."1.2.3.4.

EJERCICIO 2: SUBIENDO EL NIVEL (DE LO BÁSICO A LO PROFESIONAL)

Objetivo: Aprender a reemplazar palabras genéricas por términos con más peso.

Instrucciones: Reescribe las siguientes oraciones básicas usando el vocabulario profesional que aprendiste en el capítulo.

Básico: "I did a lot of projects last year."

Pro: "I _________ several projects last year." (Pista: usa un verbo de acción como executed o delivered).

Básico: "I talked to the clients to fix the problem."

Pro: "I _________ with the clients to _________ the issue."

Básico: "My job was to see if the work was good."

Pro: "I was _________ _________ _________ the quality of the work."Básico: "I am a person who learns fast."Pro: "I consider myself a _________ _________.""

EJERCICIO 3: VERBOS DE ACCIÓN EN CONTEXTO

Objetivo: Conectar tus logros con verbos que demuestren liderazgo y resultados.

Instrucciones: Completa los espacios en blanco usando el verbo de acción más adecuado de la siguiente lista:

REDUCED – IMPLEMENTED – COORDINATED – ACHIEVED – IMPROVED.

"I _________ the team's efficiency by 20% after changing the process.""We _________ our sales target two months before the deadline.""I _________ a new software system that helped the whole company.""I _________ the logistics for three international events.""I _________ the costs by 15% by negotiating with new suppliers."

EJERCICIO 4: ENTENDIENDO AL RECLUTADOR

Objetivo: Mejorar tu comprensión auditiva y estratégica durante la entrevista.

Instrucciones: Lee estas 3 preguntas que suelen hacer los reclutadores y explica en español qué es lo que realmente quieren saber.

● *"Can you walk me through your resume?"*

¿Qué quieren saber? _______________________________________

● *"What's your take on remote work and collaboration?"*

¿Qué quieren saber? _______________________________________

● *"Could you elaborate on your experience with [X] tool?"*

¿Qué quieren saber? _______________________________________

EJERCICIO 5: CONSTRUYENDO TU RESPUESTA DE IMPACTO

Objetivo: Integrar todo lo aprendido en una respuesta fluida y profesional.

Instrucciones: Escribe una respuesta a la pregunta:

"What was your main responsibility in your last job?".

Tu reto: Debes incluir al menos 2 verbos de acción, 2 palabras de tu vocabulario profesional y 1 frase de transición (como "I'd say that..." o "As a result...").

Tu respuesta aquí: ____

Paso final: Lee tu respuesta frente al espejo o grábate con el móvil. Fíjate en la pronunciación de los verbos en pasado.

¿Suenas como un profesional seguro? Si no es así, ¡repite una vez más!

¡Felicidades por completar los ejercicios del Capítulo 5!

Ahora tus palabras tienen el peso y la precisión necesarios para impresionar.

¿Qué sigue?

Ya tienes el contenido y el vocabulario. Ahora vamos a ver cómo transmitir esa seguridad a través de la pantalla.

En el Capítulo 6, aprenderemos todo sobre las entrevistas remotas: desde cómo dominar la cámara hasta cómo usar el lenguaje no verbal a tu favor.

¡Nos vemos allí!

CAPÍTULO 6

SIMULACIONES DE ENTREVISTAS Y PREPARACIÓN PARA ENTREVISTAS REMOTAS

¡BIENVENIDO/A AL CAPÍTULO 6!

Si estás leyendo esto, quiero que te detengas un segundo y te des un aplauso. Has recorrido un camino increíble. Ya no eres la misma persona que abrió este libro con temor a no saber qué decir. Ahora tienes estructuras, tienes vocabulario de impacto y, sobre todo, tienes una mentalidad más clara.

. . . .

Pero aquí es donde "la teoría se encuentra con la realidad". Hasta ahora hemos analizado las piezas del rompecabezas por separado. En este capítulo, vamos a armar el rompecabezas completo. Imagina que hoy es el día de tu entrevista. Te despiertas, te vistes para el éxito, revisas tu conexión a internet y te sientas frente a la pantalla. ¿Qué pasa después?

Aprender inglés para una entrevista no es solo memorizar palabras; es aprender a gestionar una conversación completa. Es saber cómo pasar de un saludo amable a una explicación técnica, y de ahí a una pregunta difícil, sin perder el hilo y sin que los nervios te jueguen una mala pasada. En SpeakFluenti, creemos que la diferencia entre un candidato que "sobrevive" a una entrevista y uno que "la domina" es la simulación.

En las próximas páginas, vamos a practicar el flujo real de una entrevista, exploraremos el mundo de las videollamadas (que hoy son el estándar) y te daré las herramientas de emergencia para esos momentos en los que el internet falla o tu mente se queda en blanco. ¡Vamos a ello!

1. ¿POR QUÉ PRACTICAR LA ENTREVISTA COMPLETA?

Muchos candidatos cometen el error de practicar sus respuestas de forma aislada. Se vuelven expertos en decir su "Tell me about yourself", pero cuando el reclutador les hace una pregunta de seguimiento inesperada, se bloquean.

Practicar la entrevista de principio a fin es vital por varias razones:

Entrenas la resistencia (Stamina): Hablar en otro idioma cansa mentalmente. Una entrevista puede durar 45 minutos. Practicar el flujo completo te ayuda a que tu cerebro no se "apague" a los 20 minutos.

Dominas las transiciones: Una entrevista no es una lista de preguntas; es una conversación. Aprenderás a conectar una respuesta con la siguiente de forma natural.

· · ·

Gestionas la presión en tiempo real: En la simulación aprendes a recuperar el ritmo si una respuesta no salió tan bien como esperabas.

Reduces la ansiedad: Lo desconocido asusta. Si ya has "vivido" la entrevista en tu práctica, el día real te sentirás en terreno conocido.

2. EL MAPA DE UNA ENTREVISTA REAL: ¿QUÉ ESPERAR?

Aunque cada empresa es diferente, la mayoría de las entrevistas profesionales en inglés siguen este orden lógico. Conocerlo te dará una sensación de control inmensa.

Las etapas del camino:

Greeting & Small Talk (El saludo): Son los primeros 2-3 minutos. El objetivo es romper el hielo. No subestimes esta parte; aquí se construye la primera impresión de tu personalidad.

Self-Presentation (La introducción): Es tu "Elevator Pitch". Aquí respondes al famoso "Tell me about yourself".

Deep Dive into Experience (Inmersión en tu experiencia): Preguntas específicas sobre tu CV y tus responsabilidades pasadas.

Behavioral Questions (Preguntas de comportamiento): Aquí aplicas el método STAR que aprendimos en el Capítulo 3.

Strengths, Weaknesses & Motivation: Las preguntas que analizamos en el Capítulo 4.

Your Questions (Tus preguntas): Un momento crucial donde demuestras tu interés y preparación.

The Closing (El cierre): Agradecimientos y próximos pasos.

3. SIMULACIÓN DE ENTREVISTA 1: PERFIL PROFESIONAL SENIOR

Imagina que estás aplicando para un puesto de Project Manager o un rol con responsabilidades de liderazgo. El tono es profesional, directo y enfocado en resultados.

Interviewer (I): "Good morning! Thank you for joining us today. How are you doing?"

Candidate (C): "Good morning! I'm doing great, thank you. I was really looking forward to this conversation. How about you?"

Nota de SpeakFluenti: Esta es una respuesta de Small Talk perfecta. Es breve, positiva y devuelve la pregunta. Demuestra confianza desde el segundo uno.

I: "I'm doing well, thanks. To start, could you please walk me through your professional background?"

C: "Sure. I have over eight years of experience in project management, specifically in the tech industry. In my last role at XYZ Solutions, I led a cross-functional team of ten people. My main focus was streamlining internal processes, which helped us reduce project delivery time by 15%."

Estrategia: El candidato no recitó todo su CV. Fue directo a los puntos que importan: años de experiencia, liderazgo y un resultado concreto (15% de reducción de tiempo).

I: "That sounds impressive. Tell me about a time you had to handle a conflict within your team."

C (usando STAR): "Actually, I remember a situation where two developers had different opinions on a software architecture. (S) This was delaying our sprint. (T) I decided to organize a technical meeting (A) to let both present their arguments. I facilitated the discussion and we chose a hybrid solution. (R) As a result, we stayed on schedule and the team morale improved because everyone felt heard."

I: "Great. Finally, why do you want to work for this company?"

C: "I've been following your company's growth in the European market, and I'm very impressed by your focus on innovation. I believe my experience managing remote teams aligns perfectly with your current expansion goals."

¿Por qué funciona? Porque conecta su experiencia personal con las necesidades específicas de la empresa.

4. SIMULACIÓN DE ENTREVISTA 2: PERFIL JUNIOR O CAMBIO DE CARRERA

Ahora imagina que eres alguien con menos experiencia o que está saltando a una nueva industria. Aquí el enfoque es el potencial y la actitud.

Interviewer (I): "Hi there! Thanks for being here. Can you tell me a little bit about yourself and your interest in this entry-level role?"

Candidate (C): "Hi! Thank you for the opportunity. I recently graduated in Marketing, and during my studies, I completed an internship where I managed social media accounts for small businesses. I'm very interested in this role because your company is a leader in digital strategy, and I'm eager to apply my analytical skills in a more professional environment."

I: "Since this is a remote position, how do you manage your time and stay productive without direct supervision?"

C: "I'm very organized. I use tools like Trello and Google Calendar to prioritize my tasks. Every morning, I create a 'to-do' list and I set specific blocks of time for deep work. This system helped me maintain a high GPA while working part-time during college."

Nota de SpeakFluenti: Aquí el candidato usa un ejemplo de su vida como estudiante para demostrar una habilidad profesional (gestión del tiempo). Esto es muy inteligente cuando no tienes mucha experiencia laboral previa.

5. EL ARTE DE LA ENTREVISTA REMOTA (VIDEO CALL)

Hoy en día, es casi seguro que tus primeras entrevistas serán por Zoom, Google Meet o Microsoft Teams. Aunque parezca más cómodo estar en casa, las entrevistas remotas tienen sus propios retos. La tecnología debe ser tu aliada, no tu enemiga.

Lista de verificación técnica (Checklist):

La conexión a internet: Si puedes, conéctate por cable. Si usas Wi-Fi, asegúrate de estar cerca del router. Haz un test de velocidad antes de empezar.

La iluminación: La fuente de luz siempre debe estar frente a ti, nunca detrás. Si tienes una ventana detrás, solo se verá tu silueta negra.

El encuadre de la cámara: La cámara debe estar a la altura de tus ojos. Si usas una laptop, ponle unos libros debajo. No queremos que el reclutador te mire desde abajo (hacia tu nariz) ni desde muy arriba.

El fondo: Busca un lugar neutro y ordenado. Un fondo desordenado distrae al reclutador y resta profesionalismo.

El audio: Usa auriculares con micrófono si es posible. Esto reduce el eco y el ruido ambiental.

El contacto visual en la era digital:

Este es el error número uno: mirar a la persona en la pantalla. Cuando miras la pantalla, el reclutador siente que estás mirando hacia abajo.

El truco: Mira directamente al lente de la cámara cuando estés hablando. Eso crea la ilusión de contacto visual real y genera mucha más confianza.

6. CÓMO SONAR NATURAL FRENTE A LA CÁMARA

Hablarle a una cámara puede sentirse raro al principio. Aquí tienes consejos prácticos para que tu personalidad brille a través de los píxeles:

Habla un 10% más despacio: El audio digital a veces se corta. Hablar con calma asegura que cada palabra se entienda.

Usa pausas cortas: Antes de responder, cuenta mentalmente "uno, dos". Esto evita que interrumpas al reclutador si hay un pequeño retraso (lag) en la conexión.

Gesticula de forma moderada: No tengas miedo de usar tus manos para enfatizar puntos, pero mantén tus movimientos dentro del encuadre de la cámara.

Sonríe: En persona es más fácil transmitir calidez. En video, necesitas ser un poco más expresivo con tu rostro para no parecer una foto estática.

7. QUÉ HACER SI NO ENTIENDES UNA PREGUNTA (TU RED DE SEGURIDAD)

Este es el mayor miedo de todo estudiante de inglés. "¡¿Y si me pregunta algo y no entiendo nada?!".

Escúchame bien: Pedir aclaración no es una señal de debilidad; es una señal de comunicación profesional. En el mundo real del trabajo, si no entiendes algo, preguntas. El reclutador prefiere que preguntes a que respondas algo que no tiene nada que ver.

Frases de emergencia para pedir aclaración:
    "I'm sorry, could you please repeat that?" (Lo siento, ¿podría repetir eso?).

· · ·

"Could you say that a little more slowly, please?" (¿Podría decir eso un poco más despacio, por favor?).

"If I understood correctly, you are asking about my experience with [X]... is that right?" (Si entendí bien, me pregunta sobre mi experiencia con [X]... ¿es correcto?).

"Could you clarify what you mean by [palabra específica]?" (¿Podría aclarar a qué se refiere con [X]?).

Usa estas frases con una sonrisa y sin pedir perdón mil veces. Una vez es suficiente. El reclutador entenderá y reformulará la pregunta.

8. QUÉ HACER SI TE PONES NERVIOSO O TE QUEDAS EN BLANCO

Incluso con toda la preparación del mundo, los nervios pueden aparecer. Es humano. Si sientes que el pánico sube por tu garganta o que tu mente se ha quedado como una hoja de papel en blanco, sigue estos pasos:

Respira y haz una pausa: No intentes hablar mientras estás bloqueado. Haz una pausa de 3 segundos, respira profundo y di: "That's a very interesting question. Let me think for a moment."

Bebe agua: Tener un vaso de agua a mano es el truco más viejo del mundo para ganar 5 segundos de pensamiento extra mientras bebes.

Vuelve a lo básico: Si la respuesta compleja no sale, da una respuesta simple. Es mejor decir tres frases claras que diez minutos de frases confusas.

Sé honesto (con elegancia): Si realmente te bloqueaste, puedes decir: "I'm a bit excited about this opportunity and my mind went blank for a second. Let me restart that point." Esto te humaniza y demuestra un gran control emocional.

9. MINI-GUIONES PARA MOMENTOS CLAVE

Aquí tienes pequeñas "fórmulas" que puedes memorizar para que los momentos de transición sean automáticos.

Para el saludo inicial:

"Hi! It's a pleasure to meet you. Thank you for inviting me to this interview."

Para pasar de un punto a otro:

"Following that point, I would also like to mention..." (Siguiendo ese punto, también me gustaría mencionar...).

Para preguntar sobre los siguientes pasos:

"Thank you for your time today. What are the next steps in the hiring process?"

Para despedirte:

"I really enjoyed our conversation. I look forward to hearing from you soon. Have a great day!"

10. CÓMO PRACTICAR POR TU CUENTA (TU PLAN DE ENTRENAMIENTO)

No necesitas a otra persona para practicar (aunque ayuda). Aquí tienes el método Speak-Fluenti para entrenar en solitario:

El espejo: Practica tu saludo y tu "Tell me about yourself" frente al espejo. Observa tu postura y tu sonrisa.

· · ·

Grábate en video: Usa tu teléfono o la cámara de tu computadora. Graba una entrevista simulada. Al principio te dará vergüenza verte, pero es la forma más rápida de detectar muletillas (como decir mucho "ehhh" o "and... and...") y corregir tu postura.

La técnica del dictado: Escucha los audios de este libro (Audio 6.1) y trata de repetir las respuestas imitando la entonación y la velocidad.

Flashcards de preguntas: Escribe preguntas en trozos de papel, mézclalos y saca uno al azar. Intenta responder usando el método STAR inmediatamente.

11. ERRORES COMUNES EN SIMULACIONES Y ENTREVISTAS REMOTAS

Evita estos fallos para mantenerte en el top 1% de los candidatos:

Memorizar como un robot: Si olvidas una palabra de tu guion memorizado, te vas a bloquear. Aprende ideas, no palabras exactas.

No probar la tecnología: Entrar a la llamada 2 minutos tarde porque Zoom se estaba actualizando es una mala señal. Prueba todo 15 minutos antes.

Ignorar el lenguaje no verbal: No te encorves. No cruces los brazos. Mantén una postura abierta y profesional.

Hablar demasiado rápido: El inglés suena diferente al español; si corres, tus palabras se amontonarán y no se entenderán.

No tener preguntas preparadas: Cuando te digan "Do you have any questions for us?", decir "No" es un error grave. Siempre ten al menos dos preguntas listas. (Hablaremos de esto en el siguiente capítulo).

12. CONSTRUYENDO TU RESISTENCIA Y CONFIANZA

Una entrevista es como un maratón. No puedes correr un maratón sin haber corrido antes 5 km, luego 10 km, luego 21 km.

Empieza con simulaciones cortas de 5 minutos. Luego sube a 15. Pídele a un amigo que te haga preguntas difíciles. La confianza no es la ausencia de miedo; la confianza es saber que, aunque tengas miedo, tienes las herramientas para manejar la situación.

Recuerda: Tú eres un profesional capaz. El inglés es solo el puente para que el reclutador vea ese valor. No dejes que el puente te intimide.

CONCLUSIÓN Y PRÓXIMOS PASOS

¡Lo has logrado! Has completado el capítulo más intenso y práctico del libro. Ahora ya sabes cómo se siente una entrevista de principio a fin, cómo dominar la cámara y cómo reaccionar ante los imprevistos.

Tienes la estructura, el vocabulario y la experiencia de las simulaciones. Estás casi listo para salir al mercado y conquistar esa posición que deseas. Pero antes de terminar, necesitamos pulir los detalles finales que separan a un "buen candidato" de un "candidato inolvidable".

En el Capítulo 7, el capítulo final de nuestra guía, nos enfocaremos en La Estrategia Final. Aprenderemos:

Qué preguntas hacerle al reclutador para demostrar liderazgo.

Cómo hacer un seguimiento profesional (Follow-up) después de la entrevista.

Cómo cerrar con broche de oro para dejar una impresión duradera.

¡Estamos en la recta final! Sigue practicando tus simulaciones y nos vemos en el último capítulo para sellar tu éxito.

EJERCICIOS DEL CAPITULO 6

¡ES MOMENTO DE PASAR DE LA TEORÍA A LA ACCIÓN!

Estos ejercicios están diseñados para que "vivas" la entrevista antes de que ocurra la real. Recuerda: la confianza no es la ausencia de nervios, sino la presencia de preparación. Toma tu teléfono para grabarte, busca un espejo y prepárate para brillar.

EJERCICIO 1: MI SIMULACIÓN IDEAL

Objetivo: Personalizar tu práctica para que sea lo más cercana posible a tu realidad profesional.

Instrucciones: Antes de practicar, define el escenario. Completa los siguientes puntos pensando en el trabajo que realmente quieres conseguir.

Puesto al que aplicas: ____

Tipo de empresa (Startup, Multinacional, Agencia, etc.): _________________

Modalidad de la entrevista: ( ) Remota / Video-llamada ( ) Presencial

Tres preguntas técnicas o específicas que esperas que te hagan:

Ejercicio 2: El flujo de la entrevista completa

Objetivo: Practicar las transiciones y mantener la energía durante toda la conversación.

Instrucciones: Escribe una respuesta breve para cada etapa de la entrevista. Después, léelas todas seguidas en voz alta, tratando de que la transición entre una y otra sea natural.

Greeting (Saludo): "Hi! It's a pleasure to be here..." _______________________

Self-introduction (Presentación): "I have experience in..." __________________

Experience (Tu rol actual): "In my current position, I..." __________________

Behavioral (Usa el método STAR): "A time I solved a problem was..." ___________

Strength (Tu fortaleza): "I'd say my main strength is..." __________________

Closing (Despedida): "Thank you for your time. I look forward to..." _________

Ejercicio 3: Auditoría de mi espacio remoto
   Objetivo: Asegurar que los detalles técnicos no distraigan al reclutador de tu talento.

Instrucciones: Si tu entrevista es por video-llamada, realiza esta "auditoría" de tu espacio de trabajo y marca con una (X) cuando estés listo.

( ) Conexión: ¿He probado la velocidad del internet hoy?

( ) Cámara: ¿Está a la altura de mis ojos (no muy arriba ni muy abajo)?

( ) Iluminación: ¿La luz me da de frente (no tengo una ventana detrás)?

( ) Fondo: ¿Lo que se ve detrás de mí es profesional y está ordenado?

( ) Audio: ¿Mis auriculares funcionan y el micrófono se escucha claro?

( ) Vestimenta: ¿Llevo ropa profesional de acuerdo a la cultura de la empresa?

( ) Distracciones: ¿He avisado en casa o cerrado la puerta para evitar ruidos?

Ejercicio 4: El arte de pedir aclaraciones

Objetivo: Mantener el control de la entrevista incluso cuando no entiendes algo.

Instrucciones: Escribe la frase en inglés que usarías en las siguientes situaciones para pedir ayuda de forma profesional.

El reclutador tiene un acento muy fuerte y no entendiste la pregunta:

Respuesta: ____

Usó una palabra técnica que no conoces:

Respuesta: ____

La conexión falló y el audio se cortó a la mitad:

Respuesta: ____

La pregunta fue muy larga y necesitas un momento para pensar:

Respuesta: ____

Quieres confirmar si entendiste bien antes de responder:

Respuesta: ____

Ejercicio 5: Mi primer simulacro grabado
   Objetivo: Evaluar tu desempeño real y detectar áreas de mejora.

Instrucciones: Elige 5 preguntas de los capítulos anteriores. Pon el temporizador de tu móvil, dale a "Grabar Video" y responde las 5 preguntas seguidas. Luego, mira el video y califica del 1 al 5 los siguientes puntos:

Claridad: ¿Se entienden bien mis palabras? ( )

Confianza: ¿Sonrío y miro a la cámara? ( )

Estructura: ¿Usé el método STAR en mis ejemplos? ( )

Profesionalismo: ¿Usé el vocabulario del Capítulo 5? ( )

Fluidez: ¿Logré evitar demasiados "ehhh" o silencios largos? ( )

Reflexión final: ¿Cuál es la cosa número uno que quiero mejorar para mi próxima práctica?

¡Increíble! Has terminado las simulaciones. Ahora ya sabes qué se siente estar en la "silla del candidato".

¿Qué sigue? Estás muy cerca de la meta. Ya tienes el contenido y la práctica. En el Capítulo 7 (el capítulo final), aprenderemos la Estrategia de Cierre: qué preguntas debes hacer tú al reclutador y cómo hacer un seguimiento (follow-up) perfecto para que no se olviden de ti. ¡Vamos a cerrar con broche de oro!

CAPÍTULO 7

CÓMO CERRAR BIEN UNA ENTREVISTA Y DEJAR UNA IMPRESIÓN PROFESIONAL

¡FELICIDADES! HAS LLEGADO AL ÚLTIMO CAPÍTULO DE CONTENIDO ESTRATÉGICO DE NUESTRA GUÍA.

Si estás aquí, ya sabes cómo presentarte, cómo estructurar tus historias de éxito con el método STAR, cómo manejar las preguntas difíciles y cómo dominar la cámara en una entrevista remota. Tienes un arsenal de herramientas impresionante.

. . .

Pero, como suele decirse en el mundo de los negocios, "it's not how you start, but how you finish" (no es cómo empiezas, sino cómo terminas).

Muchos candidatos hacen un trabajo excelente durante los primeros 20 minutos, pero cuando la entrevista llega a su fin, se relajan demasiado o se desinflan. El cierre de una entrevista es como el aterrizaje de un avión: puede ser suave y profesional, dejando a todos con una sensación de seguridad, o puede ser brusco y confuso, arruinando un buen viaje.

En este capítulo, vamos a aprender a aterrizar con estilo. Te enseñaré a usar ese momento final para demostrar que no solo eres un candidato que responde preguntas, sino un profesional con criterio que sabe lo que busca. Vamos a ver cómo preguntar, cómo hablar de dinero sin miedo y cómo decir "adiós" de una forma que haga que el reclutador quiera volver a verte.

1. ¿POR QUÉ EL FINAL DE LA ENTREVISTA ES TAN PODEROSO?

En psicología existe algo llamado el "efecto de recencia". Básicamente, significa que los seres humanos tendemos a recordar con más claridad lo último que sucedió en una experiencia.

Si tu entrevista fue un poco irregular al principio porque estabas nervioso, pero terminas con preguntas inteligentes y un cierre firme, esa es la imagen que se llevará el reclutador a la reunión de evaluación. El cierre es tu oportunidad para:

Confirmar tu interés: Dejar claro que, tras la charla, el puesto te gusta aún más.

Demostrar preparación: Las preguntas que tú haces dicen más de ti que las respuestas que das.

Exhibir confianza: Un cierre educado pero seguro proyecta madurez.

. . .

Diferenciarte: Muchos candidatos dicen "No tengo preguntas" y se van. Tú no serás uno de ellos.

Recuerda: El reclutador no solo está evaluando si puedes hacer el trabajo, sino si eres alguien con quien les gustaría compartir 8 horas al día en la oficina (o en Slack). Un cierre cálido y profesional sella esa conexión humana.

2. EL MOMENTO DE ORO: "DO YOU HAVE ANY QUESTIONS FOR US?"

Casi sin excepción, toda entrevista en inglés terminará con esta frase. Muchos hispanohablantes, por timidez o por miedo a cometer errores gramaticales, responden: "No, thank you. Everything is clear".

¡Error! Decir que no tienes preguntas es enviar el mensaje de que no tienes curiosidad, que no te has preparado o que te da igual el puesto. En la cultura corporativa internacional, hacer preguntas es un signo de inteligencia y compromiso.

¿Qué evalúa el reclutador aquí?

Tu visión: ¿Te interesa solo el sueldo o te interesa cómo encajas en el equipo?

Tu nivel de investigación: ¿Has leído sobre la empresa o solo vienes a ver qué pasa?

Tu proactividad: ¿Quieres saber qué se espera de ti para tener éxito?

Preguntas inteligentes que puedes hacer (y por qué funcionan)

Aquí tienes una selección de "preguntas de alto nivel" que puedes adaptar:

A. Sobre el rol y las expectativas

English: "What does a typical day look like in this role?"

· · ·

Español: ¿Cómo es un día típico en este puesto?

Por qué funciona: Muestra que estás tratando de visualizarte trabajando allí. Te ayuda a entender si el ritmo de trabajo encaja contigo.

English: "What are the most important goals for this position in the first six months?"

Español: ¿Cuáles son los objetivos más importantes para este puesto en los primeros seis meses?

Por qué funciona: Es una de las mejores preguntas. Demuestra que eres una persona orientada a resultados y que quieres tener un impacto rápido.

B. Sobre el equipo y la cultura
    English: "How would you describe the team culture?"

Español: ¿Cómo describiría la cultura del equipo?

Por qué funciona: Te ayuda a saber si el ambiente es colaborativo, competitivo, relajado o estricto. También muestra que te importa el bienestar grupal.

English: "What do you enjoy most about working at this company?"

Español: ¿Qué es lo que más le gusta de trabajar en esta empresa?

Por qué funciona: Esta pregunta "da la vuelta a la tortilla". Haces que el reclutador hable de su experiencia personal, lo cual crea una conexión emocional positiva.

. . .

C. Sobre los próximos pasos
  English: "What are the next steps in the hiring process?"

Español: ¿Cuáles son los siguientes pasos en el proceso de contratación?

Por qué funciona: Es práctica y necesaria. Te da una idea de cuánto tiempo tendrás que esperar y demuestra que estás seriamente interesado.

Tip de SpeakFluenti: Evita preguntar sobre vacaciones, beneficios de gimnasio o pausas para el café en la primera entrevista. Guarda esas preguntas para cuando ya tengas una oferta sobre la mesa. En la primera fase, céntrate en el valor que tú puedes aportar.

3. CÓMO INTRODUCIR TUS PREGUNTAS CON NATURALIDAD

No lances las preguntas como si fuera un interrogatorio de la policía. Usa frases de transición amables para sonar más fluido.

"Yes, I have a couple of questions, if we have time." (Sí, tengo un par de preguntas, si tenemos tiempo).

"I was wondering if you could tell me more about..." (Me preguntaba si podría decirme más sobre...).

"Actually, I'm curious about..." (De hecho, tengo curiosidad sobre...).

"You mentioned earlier that [tema]... could you elaborate on that?" (Mencionó antes que [tema]... ¿podría darme más detalles sobre eso?).

· · ·

Escucha el Audio 7.1 para practicar la entonación de estas frases. Nota cómo una entonación ascendente al final de la pregunta te hace sonar más amable y abierto.

4. EL TEMA TABÚ: CÓMO HABLAR DEL SALARIO (SALARY)

Este es el momento que más estrés genera. En algunas culturas, es el reclutador quien menciona el rango salarial al final. En otras, te preguntarán directamente: "What are your salary expectations?".

La clave aquí es la flexibilidad profesional. No quieres dar un número cerrado que te deje fuera del proceso, pero tampoco quieres sonar como si no supieras cuánto vale tu trabajo.

Escenario A: Si el reclutador te pregunta por tus expectativas
    No entres en pánico. Usa una de estas fórmulas:

Fórmula flexible: "I'm open to discussing a fair salary based on the full compensation package and the responsibilities of the role." (Estoy abierto a discutir un salario justo basado en el paquete total y las responsabilidades).

Fórmula de rango: "Based on my research and my experience, I'm looking for something in the range of [Número A] to [Número B]." (Basado en mi investigación y experiencia, busco algo en el rango de... a...).

Escenario B: Si quieres esperar a conocer más el puesto
    "I'd like to learn more about the specific requirements of the position before discussing a number." (Me gustaría saber más sobre los requisitos específicos antes de discutir un número).

Regla de oro: Investiga siempre el mercado antes de la entrevista (usando sitios como Glassdoor o LinkedIn Salary). Ir preparado con un rango te dará una seguridad que se notará en tu voz.

5. EL CIERRE PROFESIONAL: CÓMO DECIR "ADIÓS"

Ya hiciste tus preguntas, ya se aclaró el tema del proceso y la entrevista está terminando. Es el momento del "último apretón de manos" (aunque sea virtual).

Tu objetivo es dejar una impresión de gratitud y entusiasmo. Aquí tienes el guion de SpeakFluenti para un cierre perfecto:

Agradece el tiempo: "Thank you very much for your time today."

Muestra aprecio por la charla: "I really enjoyed learning more about the company and the team."

Reafirma tu interés: "I'm very excited about this opportunity and I believe I can contribute a lot to your goals."

Despídete positivamente: "I look forward to hearing from you. Have a great day!"

¿Por qué funciona este cierre? Porque no es solo un "adiós". Es un resumen de tu actitud: eres agradecido, escuchaste lo que dijeron, estás motivado y eres educado.

6. DESPUÉS DE LA ENTREVISTA: EL "FOLLOW-UP"

La entrevista terminó, cerraste la laptop o saliste del edificio. ¿Ya está? No del todo. Lo que hagas en las siguientes 24 horas puede ser el factor decisivo si la competencia está reñida.

El análisis post-entrevista
Antes de que se te olvide, toma una libreta y anota:

¿Qué preguntas te costó más responder? (Para practicarlas más).

. . .

¿Qué temas parecieron interesarle más al reclutador?

¿Mencionaron algún reto específico de la empresa?

El mensaje de agradecimiento (Thank-you note)

Enviar un correo corto de agradecimiento es una práctica muy común y valorada en el mundo anglosajón. Debe enviarse entre 2 y 24 horas después de la entrevista.

¿Qué debe incluir?

Un agradecimiento por el tiempo.

Una mención a algo específico que se habló (esto demuestra que estabas escuchando).

Una breve reiteración de tu interés.

7. MODELOS DE MENSAJES DE SEGUIMIENTO (FOLLOW-UP)

Aquí tienes dos opciones. Elige la que mejor se adapte a tu estilo.

Opción 1: Formal y directa (Ideal para empresas grandes)

Subject: Thank you - [Your Name] - [Position Name]

"Dear [Interviewer Name],

. . .

Thank you very much for the opportunity to interview for the [Position] role today. I truly enjoyed our conversation and learning more about the team's goals.

I am very excited about the possibility of joining [Company Name] and contributing to your upcoming projects. I look forward to hearing from you regarding the next steps.

Best regards,

[Your Name]"

Opción 2: Más personalizada (Ideal para startups o equipos pequeños)
   Subject: Great speaking with you today!

"Hi [Interviewer Name],

Thank you for your time today. It was great hearing about the company culture and the challenges of the [Department] department. I was especially interested in what you mentioned about [tema específico de la charla].

I'm confident that my experience in [tu habilidad] can help the team achieve its goals. Please let me know if you need any further information from my side.

Have a wonderful day,

[Your Name]"

Traducción rápida: Ambos mensajes básicamente dicen: "Gracias por tu tiempo, me gustó mucho hablar contigo sobre X cosa, estoy emocionado por el puesto y quedo a la espera". Es profesional, breve y muy efectivo.

8. ERRORES COMUNES AL CERRAR LA ENTREVISTA

Para que no pierdas puntos en el último minuto, evita estos comportamientos:

Terminar de golpe: No digas simplemente "Okay, bye". Asegúrate de agradecer y despedirte formalmente.

Preguntar "¿Qué tal lo hice?": Nunca pidas feedback inmediato sobre tu desempeño. Da una imagen de inseguridad. Espera a que el proceso siga su curso.

Ser demasiado informal: Aunque la entrevista haya sido muy simpática, mantén el tono profesional hasta que la llamada se corte por completo.

No preguntar nada: Como ya dijimos, este es el error más común. Siempre, siempre ten al menos una pregunta preparada.

Presionar por el sueldo: Si el reclutador no lo menciona y es la primera entrevista, a veces es mejor esperar. Si sientes que debes preguntarlo, hazlo con mucha delicadeza al final.

9. DEJANDO UNA IMPRESIÓN DE CONFIANZA (FINAL IMPRESSION)

Al final del día, lo que el reclutador busca es una persona en la que pueda confiar. La confianza no viene de hablar un inglés perfecto sin errores gramaticales. Viene de:

Claridad: Ser directo y no dar rodeos.

Calma: No desesperarse si algo sale mal.

. . .

Respeto: Valorar el tiempo del otro.

Entusiasmo: Mostrar que realmente quieres estar ahí.

Si logras transmitir estas cuatro cosas, tu nivel de inglés pasará a un segundo plano. Los reclutadores prefieren a alguien que se comunica con confianza y profesionalismo aunque cometa errores, que a alguien con un inglés impecable pero sin estructura ni interés.

10. UNAS ÚLTIMAS PALABRAS DE ALIENTO

Has terminado el recorrido por los 7 capítulos estratégicos de Aprender Inglés para Entrevistas de Trabajo. ¡Increíble!

Sé que el proceso de buscar trabajo en otro idioma puede dar miedo. Sé que a veces sientes que tus habilidades profesionales son gigantes pero que tu inglés las hace parecer pequeñas. Pero recuerda esto: el hecho de que estés intentándolo ya te pone por delante de la gran mayoría.

Tienes las estructuras (STAR), tienes el vocabulario, sabes cómo manejar las preguntas difíciles y ahora sabes cómo cerrar con éxito. Las entrevistas son una habilidad, y como toda habilidad, cuanto más las practicas, mejor te salen. No te desanimes si la primera no es perfecta. Cada entrevista es una lección gratuita que te prepara para la siguiente.

En SpeakFluenti estamos orgullosos de tu progreso. Tienes todas las piezas del rompecabezas. Ahora, solo falta que salgas ahí fuera y las unas con la cabeza alta.

CONCLUSIÓN DEL LIBRO

Hemos llegado al final de nuestra guía práctica. A lo largo de este libro, hemos transformado el miedo en estrategia y la duda en preparación.

. . .

Ya no eres un candidato pasivo que espera a ver qué le preguntan. Eres un profesional preparado que sabe:

Cómo funciona el mercado internacional.

Cómo estructurar sus respuestas para que sean memorables.

Cómo usar palabras de acción que demuestren liderazgo.

Cómo convertir sus debilidades en planes de mejora.

Cómo navegar la tecnología de las entrevistas remotas.

Cómo hacer preguntas que demuestren criterio.

Tu viaje no termina aquí. El inglés es un músculo que necesita ejercicio constante. Sigue escuchando los audios que acompañan a este libro, sigue practicando frente al espejo y, sobre todo, sigue creyendo en tu talento. El mundo es enorme y hay una empresa ahí fuera esperando exactamente lo que tú tienes para ofrecer.

¡Mucha suerte en tus próximas entrevistas! You've got this!

EJERCICIOS DEL CAPITULO 7

¡Has llegado a la recta final! Estos ejercicios están diseñados para que termines tu preparación con la misma fuerza con la que la empezaste. El cierre es tu última oportunidad para consolidar tu imagen de profesional preparado. Escribe tus respuestas, revisa que fluyan bien y, como siempre, ¡practica en voz alta!

Ejercicio 1: Mis preguntas de oro para el reclutador
    Objetivo: Demostrar interés, preparación y visión estratégica.

Instrucciones: Imagina que el reclutador te dice: "Do you have any questions for us?". Escribe 5 preguntas en inglés que realmente te interesen sobre el puesto que buscas. Usa las categorías sugeridas:

Sobre el rol: ____

Sobre el equipo: ____

Sobre las expectativas (éxito): ____

Sobre la cultura de la empresa: ____

Sobre los siguientes pasos: ____

Ejercicio 2: Preparando mi respuesta salarial

Objetivo: Manejar la pregunta del dinero con naturalidad y sin perder profesionalismo.

Instrucciones: Escribe una respuesta corta en inglés para cada una de estas tres estrategias. Elige la que más te guste para tu próxima entrevista real.

Respuesta Flexible (Enfocada en el paquete total):
   "I am open to discussing salary based on..." ________________________________

Respuesta con Rango (Basada en tu investigación):
   "Based on my experience, I'm looking for a range between..." ______________

Respuesta para posponer (Si necesitas más información):
   "I'd like to learn more about the responsibilities before..." _______________

Ejercicio 3: Frases de cierre profesional
   Objetivo: Terminar la conversación con gratitud y una nota positiva.

Instrucciones: Elige y escribe 5 frases en inglés con las que te sientas cómodo para despedirte. Puedes usar las del capítulo o crear las tuyas. Practícalas hasta que salgan sin dudar.

Ejercicio 4: Mi primer mensaje de seguimiento (Follow-up)
   Objetivo: Mantener el contacto y reforzar tu interés tras la entrevista.

Instrucciones: Escribe un borrador de correo electrónico corto (máximo 4-5 líneas) en inglés para enviárselo al reclutador después de tu entrevista. No olvides incluir un detalle específico que hayan mencionado durante la charla.

Subject: ____

Body: ____

Ejercicio 5: Simulacro del "Gran Final"
   Objetivo: Integrar todo el aprendizaje del capítulo en un cierre fluido.

Instrucciones: Graba un audio o video de ti mismo realizando la parte final de una entrevista. Sigue este orden de "guion":

Pregunta: Haz 2 de las preguntas que escribiste en el Ejercicio 1.

Manejo de dinero: Di tu respuesta salarial del Ejercicio 2.

Cierre: Agradece la oportunidad y expresa tu interés con entusiasmo.

Despedida: Di adiós con seguridad y contacto visual (a la cámara).

Autoevaluación: Al escucharte, ¿suenas como alguien que está pidiendo un favor o como alguien que está ofreciendo una solución profesional? (Pista: ¡Queremos lo segundo!).

¡Enhorabuena! Has completado todos los ejercicios del libro. Ya no eres la misma persona que empezó en el Capítulo 1. Ahora tienes el control de tu carrera en inglés.

¿Qué sigue? Estás listo para el mundo real. Si quieres un repaso final o necesitas que te ayude a pulir alguna de estas respuestas para una entrevista específica que tengas esta semana, ¿te gustaría que revisemos juntos alguna respuesta en particular o prefieres pasar a la conclusión final del libro?

BONUS: 🎁 ¡TU LIBRO VIENE CON UN REGALO EXCLUSIVO!

Este libro es solo el comienzo...

Ahora puedes acceder totalmente GRATIS al **Curso en Video de 30 Días para Hablar Inglés y la comunidad de SKOOL**, creado especialmente para lectores como tú.

🧠 ¿Te cuesta mantenerte motivado?

📚 ¿Te gustaría ver y escuchar cómo se aplica lo que estás leyendo?

🗣️ ¿Quieres sentir que alguien te guía paso a paso?

Entonces este curso es para ti.

🎥 ¿QUÉ INCLUYE EL CURSO?

☑️ 30 lecciones en video (una por día, de solo 3 a 5 minutos)

☑️ Explicaciones claras y prácticas que complementan cada capítulo del libro

☑️ Ejercicios en pantalla, ejemplos reales y trucos para hablar con confianza

☑️ Acceso a nuestra comunidad privada en **Skool** donde aprenderás junto a otras personas, resolverás dudas y nunca estarás solo

📱 Escanea el código QR que ves aquí arriba y accede al instante.

"No tienes que estudiar más… solo sigue el plan, un video al día, y verás cómo tu inglés empieza a fluir."

Hazlo por ti.

Hazlo fácil.

Hazlo con **Speak Fluenti.**

Únete ahora al curso gratuito y empieza a hablar inglés con confianza desde hoy.

CONCLUSIÓN: EL INICIO DE TU NUEVA ETAPA PROFESIONAL

¡LO LOGRASTE!

Has llegado a la última página de este entrenamiento. Antes de que cierres el libro y sigas con tu día, quiero que te detengas un momento. Respira profundo y reconoce lo que acabas de hacer.

Muchos empiezan proyectos, compran libros o se inscriben en cursos que nunca terminan. Tú no. Tú has recorrido siete capítulos intensos, has enfrentado tus miedos, has practicado respuestas difíciles y has dedicado tiempo a invertir en la herramienta más importante que tienes: tú mismo.

Desde SpeakFluenti, queremos decirte que estamos increíblemente orgullosos de tu progreso. Sabemos que preparar una entrevista en un idioma que no es el tuyo no es solo un reto lingüístico; es un reto emocional. Requiere valentía admitir que necesitamos mejorar y disciplina sentarse a practicar frente al espejo o a grabarse en video. Al terminar este libro, ya has demostrado una de las cualidades que los reclutadores más valoran: la resiliencia y el compromiso con la excelencia.

MIRA TODO LO QUE HAS AVANZADO

A veces, cuando estamos aprendiendo algo nuevo, nos enfocamos tanto en lo que nos falta que olvidamos ver el camino recorrido. Hagamos un breve inventario de tu nueva caja de herramientas profesional.

Al empezar este libro, quizás sentías que una entrevista en inglés era una "caja negra" llena de misterios. Hoy, tienes claridad sobre:

El mapa de la entrevista: Ya no vas a ciegas. Entiendes las etapas, desde el small talk inicial hasta las preguntas de cierre. Sabes qué espera el reclutador en cada fase.

Estructuras de alto impacto: Tienes el método STAR grabado en tu mente. Ya no das respuestas desorganizadas o infinitas; ahora cuentas historias con un inicio (Situación), un nudo (Tarea y Acción) y un desenlace poderoso (Resultado).

Gestión de lo difícil: Aprendiste que hablar de tus debilidades o de tus errores no es cavar tu propia tumba, sino mostrar madurez y capacidad de aprendizaje.

Vocabulario de poder: Has reemplazado verbos básicos y planos por "palabras de acción" que te hacen sonar como un líder, un ejecutor y un profesional de alto nivel.

Dominio del entorno remoto: Estás preparado para que la tecnología sea tu aliada. Sabes dónde mirar, cómo iluminarte y cómo proyectar confianza a través de una lente de cámara.

El arte del cierre: Sabes que la entrevista no termina cuando dejas de responder, sino cuando haces esas preguntas inteligentes que te diferencian del resto.

¿Te das cuenta? Ya no eres un candidato que "se defiende" en inglés. Eres un candidato que se presenta con estrategia.

2. La perfección es un mito; la claridad es la meta

Quiero recordarte algo fundamental que hemos mencionado a lo largo de todo el libro: No necesitas un inglés perfecto para conseguir el trabajo de tus sueños.

Existe una creencia errónea de que los reclutadores buscan a alguien que hable como un ciudadano nacido en Londres o Nueva York. En la inmensa mayoría de los casos, eso no es verdad. Lo que las empresas internacionales buscan son personas que puedan:

Hacer el trabajo con excelencia.

Comunicar sus ideas de forma clara y sin ambigüedades.

Trabajar bien en equipo.

Resolver problemas.

Si puedes explicar cómo resolviste un conflicto técnico usando un inglés sencillo pero correcto y estructurado, tienes muchas más posibilidades de éxito que alguien que tiene una gramática perfecta pero no sabe comunicar su valor.

El inglés es un vehículo, no el destino. Tu destino es la posición profesional que te mereces. No te castigues si cometes un error con una preposición o si se te olvida una palabra. Si mantienes la calma, pides aclaración con profesionalismo y sigues adelante, el reclutador verá a un profesional seguro de sí mismo. Y la seguridad, en cualquier idioma, es altamente contagiosa.

3. La transformación real: Más allá de las palabras

Este libro no ha sido solo sobre el idioma inglés. Ha sido sobre ordenar tu mente.

Al practicar las estructuras que te hemos enseñado, has hecho un ejercicio profundo de introspección. Ahora conoces mejor tus logros, eres más consciente de tus fortalezas y tienes claro hacia dónde quieres ir. Esa claridad mental se traduce en una presencia mucho más potente durante la entrevista.

Muchos candidatos fallan en las entrevistas, incluso en su idioma nativo, porque no saben organizar sus ideas. Tú has aprendido a organizar tus ideas bajo la presión de un segundo idioma. Eso te da una ventaja competitiva brutal. La próxima vez que te sientes en una entrevista, ya sea en español o en inglés, notarás que tu capacidad de síntesis y tu enfoque en resultados han mejorado notablemente.

4. El fin del libro es el inicio de tu práctica

Como siempre decimos en SpeakFluenti, el conocimiento es solo el 20% del éxito; el otro 80% es la ejecución.

Terminar este libro es como recibir el manual de un coche. Ahora tienes que salir a la carretera y conducir. No dejes que estas páginas se llenen de polvo en una estantería o se queden olvidadas en tu dispositivo digital.

¿Qué debes hacer a partir de mañana?

Sigue hablando solo: Puede sonar gracioso, pero es la mejor técnica. Narra tus tareas del día en inglés. Practica tu "Tell me about yourself" mientras te duchas o mientras conduces. Haz que los sonidos del inglés se vuelvan naturales para tus músculos faciales.

Revisa y adapta: Tu carrera evoluciona. Cada vez que tengas un nuevo logro en tu trabajo actual, trata de escribirlo usando el método STAR. Mantén tu "banco de historias" actualizado.

Escucha y repite: Vuelve a los audios de este libro. La imitación es la forma más rápida de mejorar la entonación y la fluidez. Escucha cómo los modelos de respuesta usan las pausas y trata de copiarlos.

Haz simulacros reales: Si tienes una entrevista importante, pide a un amigo que te haga las preguntas o usa las herramientas de inteligencia artificial para practicar. Grábate. Mírate. Corrígete con cariño y vuelve a intentarlo.

La confianza no es algo con lo que se nace; es algo que se construye a través de la repetición. Cuanto más repitas tus respuestas, menos espacio habrá para los nervios.

5. Una puerta abierta al mundo

Aprender a manejarte en una entrevista de trabajo en inglés es una de las mejores inversiones que puedes hacer en tu vida. No exagero. El inglés es la llave maestra que abre puertas que, de otro modo, permanecerían cerradas para siempre.

Dominar esta habilidad significa que el mercado laboral ya no es solo tu ciudad o tu país; ahora el mercado es el mundo. Significa poder aplicar a empresas en otros continentes, acceder a salarios competitivos a nivel internacional, trabajar de forma remota para proyectos innovadores y rodearte de profesionales de diversas culturas que enriquecerán tu visión de la vida.

Cada vez que practicas una respuesta, estás un paso más cerca de ese cambio de vida. Una sola entrevista exitosa puede ser el punto de inflexión que transforme tu situación financiera, tu confianza personal y tu futuro profesional. Tú tienes el talento; el inglés es simplemente el puente que te permite llevar ese talento al lugar donde será más valorado.

6. Tu camino con SpeakFluenti continúa

En SpeakFluenti, nuestra misión no termina cuando cierras este libro. Somos una academia viva y una comunidad de personas que, como tú, han decidido no ponerse límites. Queremos seguir acompañándote en cada paso de tu crecimiento.

Si sientes que este libro te ha ayudado, pero que aún necesitas reforzar las bases de tu inglés o quieres seguir practicando en un entorno de apoyo, aquí tienes cómo podemos seguir trabajando juntos:

Curso de Video: Los Cimientos del Inglés

Si sientes que a veces te falta gramática básica o vocabulario general para conectar tus ideas profesionales, este libro incluye acceso a nuestro curso de video especializado. En él, cubrimos los fundamentos del idioma de una forma práctica, amena y diseñada específicamente para adultos que no tienen tiempo que perder con métodos académicos aburridos. Es el complemento perfecto para que tu inglés se sienta tan sólido como tu experiencia laboral.

Nuestra Comunidad en Skool

Aprender solo puede ser difícil. Por eso, te invitamos a unirte a nuestra comunidad en Skool. Es un espacio exclusivo donde alumnos de SpeakFluenti de todo el mundo comparten sus progresos, practican entre ellos, acceden a materiales nuevos cada semana y reciben soporte de nuestro equipo. Allí encontrarás a personas que están pasando por lo mismo que tú, y nada motiva más que celebrar el éxito de un compañero que acaba de conseguir el trabajo que buscaba.

Más recursos en Amazon

Este es solo uno de los títulos de nuestra colección. En Amazon puedes encontrar otros libros de SpeakFluenti enfocados en inglés para viajes, inglés social para negocios y mucho más. Más adelante, encontrarás códigos QR que podrás escanear para acceder directamente a estos recursos de forma sencilla.

Conéctate con nosotros día a día

Te invitamos a seguirnos en nuestras redes sociales para recibir dosis diarias de motivación, tips rápidos y correcciones de errores comunes:

Instagram: @speak.fluenti – Aquí compartimos contenido dinámico para que sigas aprendiendo en tus momentos de descanso.

Sitio Web: www.speakfluenti.com – Tu centro de recursos para programas avanzados, tutorías y nuevas publicaciones.

7. Tu última "respuesta"

Si tuviera que hacerte una última pregunta de entrevista antes de dejarte ir, sería esta:

"¿Estás listo para demostrarle al mundo de lo que eres capaz?"

Espero que tu respuesta sea un rotundo "Yes, I am".

No esperes a sentirte "listo al 100%" para aplicar a ese puesto que te intimida. Nunca nos sentimos listos del todo. El secreto de los que avanzan es que lo hacen con un poco de miedo, pero con mucha preparación. Y tú ya tienes la preparación.

Ha sido un honor acompañarte en estas páginas. Esperamos escuchar pronto de tus éxitos, de tus nuevas ofertas de trabajo y de cómo el inglés ha dejado de ser una barrera para convertirse en tu mayor aliado.

Sigue practicando, sigue creyendo en ti y, sobre todo, sigue hablando. El mundo te está escuchando.

Con todo nuestro apoyo y cariño,

El equipo de SpeakFluenti